CÓMO SER UN VIDENTE

Cómo Realizar Predicciones Auténticas y Desarrollar tus Dones de Clarividencia

CASEY ROBERTS

© Copyright 2021 – Casey Roberts - Todos los derechos reservados.

Este documento está orientado a proporcionar información exacta y confiable con respecto al tema tratado. La publicación se vende con la idea de que el editor no tiene la obligación de prestar servicios oficialmente autorizados o de otro modo calificados. Si es necesario un consejo legal o profesional, se debe consultar con un individuo practicado en la profesión.

- Tomado de una Declaración de Principios que fue aceptada y aprobada por unanimidad por un Comité del Colegio de Abogados de Estados Unidos y un Comité de Editores y Asociaciones.

De ninguna manera es legal reproducir, duplicar o transmitir cualquier parte de este documento en forma electrónica o impresa.

La grabación de esta publicación está estrictamente prohibida y no se permite el almacenamiento de este documento a menos que cuente con el permiso por escrito del editor. Todos los derechos reservados.

La información provista en este documento es considerada veraz y coherente, en el sentido de que cualquier responsabilidad, en términos de falta de atención o de otro tipo, por el uso o abuso de cualquier política, proceso o dirección contenida en el mismo, es responsabilidad absoluta y exclusiva del lector receptor. Bajo ninguna circunstancia se responsabilizará legalmente al editor por cualquier reparación, daño o pérdida monetaria como consecuencia de la información contenida en este documento, ya sea directa o indirectamente.

Los autores respectivos poseen todos los derechos de autor que no pertenecen al editor.

La información contenida en este documento se ofrece únicamente con fines informativos, y es universal como tal. La presentación de la información se realiza sin contrato y sin ningún tipo de garantía endosada.

El uso de marcas comerciales en este documento carece de consentimiento, y la publicación de la marca comercial no tiene ni el permiso ni el respaldo del propietario de la misma.

Todas las marcas comerciales dentro de este libro se usan solo para fines de aclaración y pertenecen a sus propietarios, quienes no están relacionados con este documento.

Índice

Introducción — vii

1. La habilidad psíquica dentro de las personas — 1
2. Beneficios de las percepciones extrasensoriales — 23
3. Los tres diferentes tipos de psíquicos — 29
4. Deshacerte de tus bloqueos — 53
5. Activar el tercer ojo y la conciencia plena — 77
6. Cómo usar tus habilidades para leer la energía a tu alrededor — 99
7. Los 7 chakras — 113
8. Lectura de auras — 141
9. Ejercicios y hábitos para fortalecer tu intuición y habilidades psíquicas — 157

Conclusión — 161

Introducción

A lo largo de tu vida ¿alguna vez te has encontrado con alguien que simplemente es "demasiado sensible"?

Alguien que parece experimentar a flor de piel lo que otras personas están sintiendo. Una persona que siente cotidianamente emociones fuertes que son estimuladas por su entorno. Parece un tanto abrumador, ¿no crees?

Probablemente te estás haciendo la idea equivocada. En realidad, a este tipo de personas se les conoce como "empáticas".

Probablemente estarás pensando "¿acaso no muchas personas son empáticas?" pero puede que estés algo confundido sobre los términos.

Introducción

La empatía también es considerada un poder mágico y se incluye en las habilidades sobrenaturales e incluso psíquicas.

Te sorprenderías al saber que no es algo único y aislado, sino que es algo que muchas personas han experimentado a lo largo de sus vidas sin siquiera darse cuenta de ello.

Probablemente tú hayas comenzado a cuestionarte si algunas de esas cosas "extrañas" que te pasan pueden ser señales de una habilidad mágica. Ahora bien, ¿cómo puedes comprobarlo?

No, la señal que esperas no es que una criatura celestial te hable en sueños y te confirme que eres clarividente. Las habilidades psíquicas son más comunes de lo que crees, de hecho muchas personas tienen hasta cierto grado de clarividencia; mientras hay personas quienes en la infancia despiertan estas habilidades, puede que en otras permanezcan dormidas toda su vida. No es algo con lo que tengas que abrumarte, con la guía correcta es posible despertar y desarrollar estas habilidades escondidas.

Tal vez fue suerte, tal vez estaba destinado a ser pero te encontraste con este libro.

Actualmente podemos encontrar a personas, *coach de vida* y libros que aseguran poder despertar estas destrezas con programas pagados y retiros espirituales que realmente no te brindan más allá que un par de días para descansar.

Introducción

No decimos que no tengas toda una experiencia en este tipo de espacios, sin embargo, estos recursos no suelen ofrecer una perspectiva práctica o eficiente que beneficie aquellas personas que buscan afinar su intuición y causar un impacto positivo en su vida.

Durante tu lectura te encontrarás con textos que te ayudarán a incrementar la intuición, percepción extrasensorial, y desarrollo psíquico. He dedicado todo mi amor al desarrollo de esta guía de comprensión, y te puedo asegurar que no importa si eres principiante o ya tienes experiencia en esta área, en los siguientes capítulos encontrarás algo que te será de utilidad en este viaje de crecimiento personal y psíquico.

En tu proceso de lectura debes tener en mente que, las habilidades psíquicas, aunque pueden ser desarrolladas, hasta cierto punto son innatas. Si intuyes que tienes una habilidad para leer auras, no pierdas tu tiempo intentando comunicarte con la mente. Es un trabajo de introspección que lleva tiempo y mucha paciencia con el fin de descubrir lo que funciona mejor para ti.

Esta guía te ofrece todo lo que necesitas saber para afinar tu intuición y aprender con clarividencia y, cuando hayas terminado, se convertirá en una herramienta a la que podrás recurrir las veces que necesites.

1

La habilidad psíquica dentro de las personas

Antes de adentrarnos, es importante aclarar un punto, la clarividencia es la habilidad de ver más allá de lo que los ojos comunes pueden. Por ello, una persona con esta habilidad puede obtener conocimiento usando métodos de percepción extrasensorial. Es decir, métodos inusuales y poco comunes para la persona promedio. Una persona clarividente tiene la capacidad de "ver" dentro de tu mente sin que puedas notarlo, debido a su habilidad psíquica.

Por diversas razones, en los últimos años se ha popularizado la idea de que las personas psíquicas son seres sobrehumanos, brujas o hechiceros que tienen prácticas paganas y le han vendido su alma a fuerzas demoníacas.

. . .

Esta es una idea bastante alejada de la realidad y tristemente, es la creencia más común. Sin embargo, contrario a esta creencia, todos los seres humanos tienen cierto grado de percepción extrasensorial, incluso si no están conscientes de ello. No es necesario que seamos elegidos celestiales para tenerla, pero si es necesario desarrollarla con mucha delicadeza.

Durante toda tu vida, probablemente entre tus conocidos, hay alguien cuyos sueños se manifiestan con frecuencia, puede que esa persona sea clarividente. Es posible que más de una persona a tu alrededor tenga este tipo de habilidades pero simplemente no has puesto atención. Es normal no identificarles si desconoces las maneras en las que se manifiesta, de qué manera se ponen en práctica o que características tienen. Además, las habilidades varían de persona a persona. Mientras que unos pueden ver el más allá, otros son capaces de establecer contacto con entidades y otros humanos usando su mente, sentir sus emociones en carne propia, y en ocasiones explicarlas mucho mejor que lo harías tú mismo.

Existen sin fin de razones por las cuales las personas acuden a los psíquicos, pero la razón más común es la búsqueda de la respuesta a la pregunta: ¿estoy haciendo lo correcto?

Para ellos esto significa un paso más al autoconocimiento y se encuentran tranquilos al saber si el camino que están tomando es el indicado, o si deben desviarse un poco. Las personas desconocen que no es necesario acudir a un psíquico para encontrar respuestas, pues éstas ya se encuentran en sí mismos. Si deseas saber, únicamente debes tener la disposición de aprender cómo despertar tu poder y hacer un cambio en tu vida. Esta guía te ayudará en tu desarrollo psíquico, podrás aprender todo sobre la clarividencia y otros tipos de habilidades psíquicas.

La siguiente aclaración me parece más que pertinente: la clarividencia y ser "psíquico" son cosas completamente distintas. Es como decir que una zanahoria y una verdura son lo mismo, aunque es verdad que una zanahoria pertenece al grupo de las verduras, sería un error decir que todas las verduras son zanahorias. Sucede algo similar con la clarividencia, es una habilidad psíquica, pero otras habilidades recaen dentro de esta categoría. Desde clarividencia hasta telepatía, precognición, clarisentencia, entre muchos otros.

Empecemos por analizar la raíz de la palabra "psíquico", para una mejor comprensión, esta palabra se origina de una mezcla del griego y el inglés que se traduce a "energía de la personalidad del alma". Este término también es conocido como energía espiritual, esta va más allá del plano existencial que conocemos, y puede ayudarnos a hacer más de lo que creímos posible hasta ahora. Es trascendental, y aún más importante, es accesible para todos. Cada individuo tiene energía de la personalidad del alma, y eso te incluye. Tenemos cuerpo y alma, y estos pueden operar correctamente gracias a los sentidos. La vista, tacto, gusto, olfato, y audición, son los cinco sentidos que pertenecen al cuerpo físico. Asimismo, tu alma tiene sus propios sentidos, estos son los que llamamos extrasensoriales. A todos nos han enseñado desde pequeños a cuidar nuestro cuerpo físico, pero son pocos quienes quieren y saben cómo cuidar la integridad de sus almas.

Nuestra capacidad psíquica surge del alma ¿y adivina qué? Todos los seres humanos tenemos alma, lo que nos hace personas psíquicas. Probablemente te encuentres algo escéptico y te sea difícil de creer, pero la única razón por la cual no has podido acceder a tus habilidades es porque nunca te enseñaron a cuidar de tus sentidos extrasensoriales como cuidas tus sentidos físicos. Y ni qué decir del cuidado del alma.

No, no te preocupes, no es necesario que vayas de inmediato a un doctor, en realidad existen ejercicios, alimentos, e incluso "músculos" que puedes procurar y ejercitar para poder usar tus habilidades de manera consciente. Lo primero es deshacerte de esas ideas y creencias que pueden nublar esta meta, que pueden ser obstáculos en tu camino al despertar psíquico.

. . .

El pensamiento colectivo de la sociedad se encuentra lleno de prejuicios y clichés, en su mayor parte gracias a la industria cinematográfica, y el área psíquica no es la excepción. La idea que normalmente tienen las personas sobre la clarividencia es demasiado fantasiosa. Usualmente se cree que estas personas reciben dones y visitas de entes sobrenaturales como ángeles, demonios y fantasmas. No obstante, esto no está súper alejado de la realidad, pero definitivamente no ocurre como en las películas.

Ahora bien, ¿cómo saber si tenemos la habilidad psíquica o de clarividencia? Para empezar, presta atención a tu "sexto sentido", o mejor conocido como "una corazonada".

Seguramente alguna vez has experimentado esa intuición como todos en esta vida, tus decisiones las tomas sin parecer tener una lógica detrás, como preferir no ir a esa fiesta en la playa para luego escuchar el reporte del clima y resulta que una tormenta se aproxima, o no aceptar aquel trabajo en aquella empresa que terminó cerrando por problemas económicos unos meses después. A esto nos referimos con "corazonada". Muchos desconocen el hecho de recibir conocimiento intuitivamente, sin tener previa información o investigación, es una habilidad psíquica por sí misma.

. . .

La corazonada es una de las tantas señales que pueden indicar una habilidad extrasensorial, sin embargo, existen muchas otras a las cuales también puedes prestarle atención para saber con certeza si eres una persona psíquica.

Antes de adentrarnos a eso, primero debes conocer las diferentes habilidades que una persona puede manifestar.

Empático psíquico

Los empáticos psíquicos son aquellas personas con la capacidad de sentir las emociones de otros con intensidad.

Son susceptibles y vulnerables al ambiente que los rodea, a menudo se sienten abrumados por sus emociones. Este tipo de habilidad psíquica se clasifica en la categoría de clarisintiente. Si sospechar ser un empático psíquico, te pedimos tener cuidado puesto que eres más propenso a desarrollar ansiedad. Cuando los empáticos son atacados con las emociones de otros, tienden a comportarse de manera distinta o errática. Las diferentes ramificaciones de los empáticos pueden ser físicas, emocionales, e intuitivas. Los empáticos con frecuencia tienden a tener la clarisentencia como sentido primario.

. . .

La empatía es una emoción normal en los seres humanos, pero en las personas clarisentientes es particularmente intensa. Para comprender la empatía psíquica es importante entender la diferencia entre ambas situaciones. A diferencia de la emoción humana convencional, la empatía psíquica es más que sólo "entender cómo se siente". Los empáticos psíquicos son capaces de sentir y leer la energía de otros; esto es gracias a su facilidad para identificar señales verbales y no verbales que les permiten entender lo que alguien está sintiendo.

Dentro de esta clasificación, también nos encontramos con los clariconcientes, quienes saben instantáneamente sin realmente tener un indicador o señal que se les confirme. Si frecuentemente tienes la sensación de poder "leer" la energía de las personas, es probable que seas un psíquico empático.

Como mencione anteriormente, no existe solo un tipo de empatía psíquica, podemos encontrarnos con otras subramas que se dividen en física, emocional e intuitiva:

- **Empatía física:** las personas con este tipo de empatía responden a las emociones de aquellos que los rodean por sus señales físicas. Funcionan como un "espejo" de las emociones que los demás están expresando. Así como identifican los sentimientos de otros por el lenguaje corporal, también reflejan la empatía de estos sentimientos en su cuerpo. Por ejemplo, puede ser que te haya pasado que comienzas a llorar inmediatamente al ver a una persona llorando frente a ti, independientemente si te sientes triste o si la situación en realidad no es tan conmovedora, eso es una señal clara de que eres un empático físico. De este mismo modo puede suceder con las personas que están enfermas, puede que sientas una incomodidad física o incluso síntomas similares. Esto es algo que fácilmente puede salirse de control, por lo que te recomendamos rodearte de personas brillantes y alegres que contribuyan a tu bienestar físico y emocional. no quiere decir que a la primera señal de enfermedad o tristeza salgas corriendo, pero evita que el enfoque de tu habilidad sean sentires negativos.

- **Empatía emocional:** los empáticos emocionales suelen ser los más populares y más fácilmente reconocidos como "empáticos". Tienen la capacidad de sentir las emociones ajenas como si fueran propias. Si te identificas como un empático emocional, podrás notar que cuando te encuentras con personas alegres, te sientes contento, mientras que si te rodeas de personas tristes puedes sentirte malhumorado. Al igual que los empáticos físicos, es importante que te rodees

de personas positivas y alegres que beneficien a tu bienestar emocional. Si enfocas tu habilidad a crisis emocionales puedes sentirte constantemente abrumado lo que podría impactar negativamente en tu energía mental y emocional.
- **Empatía intuitiva:** son muy parecidos a los empáticos emocionales, se distinguen por sentir los sentimientos aun cuando no son expresados. Por ejemplo, te pasa a menudo que puedes percibir que una persona de tu círculo cercano ha estado triste y, al comentarlo con tus conocidos te dicen que no lo creen, ya que siempre lo ven con una actitud positiva. La intuición te permite identificar las emociones incluso sin una expresión física de las mismas. De igual manera, te puede permitir saber si alguien está mintiendo o diciendo la verdad.

A continuación te presentamos las características más comunes de los empáticos psíquicos, si te sientes identificado puede que tengas esta habilidad:

1. Prefieres pasar tiempo a solas
2. Se te complica mantener intimidad y cercanía
3. Tu intuición es aguda
4. Con frecuencia te sientes abrumado por las

emociones de las personas que te acompañan
5. Tus amigos y familia te han dicho que tus "corazonadas" siempre son acertadas
6. La naturaleza te hace sentir en calma

Por ejemplo: Los amigos de tu novia han organizado una salida y les gustaría conocerte. Al inicio sientes emoción por conocer gente nueva y dar una buena impresión. Sin embargo, el día de la reunión te llenas de sentimientos extraños, no puedes distinguirlos como positivos o negativos, pero definitivamente son abrumadores. Te hacen sentir incómodo. La reunión pasa con normalidad, pero no eres capaz de disfrutarla. No hay nada malo con los amigos de tu novia, pero la mayoría del tiempo experimentaste sentimientos extraños que no parecían ser tuyos. Al llegar a casa, te sientes exhausto, al punto de pasar varios días descansando en casa, ignorando mensajes, llamadas, e incluso otras reuniones con amigos cercanos. Aunque es extraño, no es algo fuera de lo común para ti, te ha sucedido con frecuencia y siempre estando en público.

Mediumnidad

Así como en el caso de clarividencia, el término de mediumnidad o de "médium" se utiliza erróneamente como sinónimo de psíquico. Ahora bien, no todos los psíquicos poseen la habilidad de ser médiums, y no puedes ser un médium sin ser clarividente. Los médiums son psíquicos con la capacidad de comunicarse con los espíritus del más allá.

Su principal herramienta es la intuición, la cual usan para leer energías, sentimientos, comunicarse con fantasmas y otros entes sobrenaturales, también son capaces de ver la vida presente, pasada y futura de una persona haciendo uso de su energía espiritual, es así como recaudan información sobre ella.

La energía no-física que emanan la usan para acceder al conocimiento que necesitan de una persona. Una señal clara de que puede tener la habilidad de médium es visualizar personas fallecidas en tus sueños, usualmente llegan para ofrecerte información importante. De igual manera, este tipo de señales se pueden haber manifestado desde la infancia. De hecho, la mayoría de las personas que se consideran médiums afirman haber manifestado sus habilidades a edad temprana, pero no son conscientes de ello hasta su adultez. Si la curiosidad no es suficiente, pueden pasar el resto de su vida sin conocer sus habilidades.

El ser médium requiere mucha intuición, y todas las personas son naturalmente intuitivas. Es por eso que todos tenemos la posibilidad de entrenar nuestras habilidades adecuadamente.

Esto no significa que todas las personas que trabajen esas habilidades terminen teniendo una comunicación con los grandes espíritus del más allá, pero con ciertos ejercicios y mucho esfuerzo, se puede poner en contacto con personas cercanas que han pasado a mejor vida o visualizar vidas pasadas. Vivimos rodeados de entes sobrenaturales y siempre están tratando de comunicarse con nosotros, pero solo unos pocos tienen la capacidad de escuchar y responder. Uno de los elementos más pertinentes para obtener el estatus de médium es la atención plena, independientemente de cual sea tu habilidad de clarividencia principal (visualización, escucha, sensación, o conocimientos de la presencia de espíritus del más allá). Por ejemplo, con frecuencia sientes en el aire el aroma de su esencia favorita, o sientes el sabor de su dulce predilecto, sueñas con ellos con frecuencia y vívidamente, cuando "sabes" automáticamente algunas cosas y sospechas que la información provino de ellos, sientes presencias a tu alrededor crees que buscan comunicarse contigo, o comúnmente tienes deja vu.

Otro ejemplo: Tu abuelo falleció hace años, siempre sentiste que tenían un vínculo especial, y por ende su pérdida te afectó enormemente. Recuerdas que durante el funeral tienes una sensación fuera de lo ordinario que te indica que debes visitar su estudio.

Una vez ahí comienzas a buscar en un cajón que te llamó la atención, y dentro de él encuentras el testamento final de tu padre. El dinero que te heredó te ayuda a pagar tus estudios y la deuda de tu casa.

En ese momento probablemente te pasó desapercibido, pero el espíritu de tu abuelo buscaba ayudarte y protegerte al poner el pensamiento del estudio en tu cabeza. No es algo fuera de lo ordinario que las personas muy cercanas a nosotros, se vuelvan guías espirituales una vez que abandonan este mundo.

Telepatía

Al pensar en la comunicación telepática, puede que la primera idea que tengas sea un intercambio verbal o escrito. Ahora bien, ¿Qué pensarías si te dijera que la comunicación con la mente no solo existe en la ficción?

En realidad, la manifestación de la telepatía difiere mucho de cómo se presentan en las películas. Todos los psíquicos son telépatas. En realidad, es un don natural que todo mundo posee.

Es algo que ha venido desde un inicio, la habilidad innata de conectar con otros usando nuestra mente. La telepatía se define como el don psíquico que te permite enviar o recibir pensamiento y sentimiento entre dos individuos, independientemente de la distancia. También es considerada como una forma de percepción extrasensorial, ya que los sentidos físicos no interfieren en ella.

Podemos encontrarnos con dos tipos diferentes de telepatía. Por un lado, está la habilidad de sentir, leer, o escuchar la mente de otra persona; se le conoce como la más básica de la telepatía. Y por otro lado, una forma más avanzada, es la comunicación telepática, es decir, tener contacto directo con la mente de otra persona sin el uso de las habilidades físicas. Aunque no se considera un tercer tipo, debido a su peculiaridad, nos podemos encontrar con la impresión o implantación, es decir, la habilidad de plantar una palabra, pensamiento, imagen en una mente ajena. Sin duda, la más inusual de todas, es el control, que se refiere a la habilidad de forzar a otra persona a pensar o comportarse de cierta manera deseada por el telépata.

. . .

Todas las personas tenemos la capacidad de crear y formar experiencias, sabemos y sentimos las cosas como realmente son, es natural.

Según nuestra energía la personalidad del alma será nuestra capacidad para crear vínculos con las conciencias de otras personas. Esta energía nos permite alinear nuestra frecuencia vibracional con la frecuencia de alguien más. Una vez que uses esto con éxito, no necesitarás tus sentidos físicos para comunicarte o conectarte con la persona. Es muy probable que ya hayas vivido esta experiencia, pero no has sido consciente de ello. En más de una ocasión tu instinto te advirtió sobre una persona, una característica, o un comportamiento, y terminó cumpliéndose, estas también son experiencias telepáticas.

La unión de todas estas habilidades recae en la intuición.

Cuando hayas dominado tu alineamiento de frecuencias vibracionales de manera consciente, entonces comenzarás a generar conexiones mentales con ellos, y por ende comunicarte telepáticamente. La empatía ha demostrado tener fuertes vínculos con la clarividencia, por lo que, si eres naturalmente empático también puede ser una señal de tus capacidades telepáticas. Sin embargo, es importante saber la diferencia entre un telépata y un empático, el primero se vincula estrechamente con los pensamientos mientras que el segundo con los sentimientos. Un empático puede recibir información, pero un telépata es capaz de recibirla y enviarla.

Otra cualidad de los empáticos es la facilidad para desarrollar habilidades telepáticas y otras de índole psíquica.

Una señal más que clara, es tu obvio interés por el mundo espiritual, y no hay prueba más clara sobre tu curiosidad por lo sobrenatural que el hecho que estés leyendo este libro. A pesar de que todos los seres humanos tenemos habilidades psíquicas, únicamente aquellos que se vuelven conscientes tienden a tener un interés por las prácticas espirituales. Se sienten atraídos por sus vidas pasadas, conexión con sus ancestros, meditación, yoga, brujería, y otras prácticas espirituales, esto puede indicar un deseo subconsciente de despertar tus habilidades.

Usualmente, las personas con habilidades telepáticas suelen tener una intuición más aguda que las demás personas, si este es tu caso, seguramente las personas a tu alrededor se sorprenden de tu capacidad para detectar las mentiras. Ya sea inconsciente o no, aquellos con el don de la telepatía pueden sentir cuando no está siendo sincero o exacto en sus afirmaciones. Son capaces de reconocer los pensamientos en las mentes ajenas y por lo tanto, detectar la mentira.

. . .

No todo es emocional o intuición, también existen algunos indicadores o componentes físicos, después de todo, nuestro cuerpo y mente se encuentran siempre conectados, y nuestra alma también juega un rol muy importante en nuestra existencia. Si con frecuencia, el espacio entre tus cejas cosquillea, o incluso duele, puede ser una señal de que estás usando tus habilidades telepáticas. Incluso puede presentarse como incomodidad o sensaciones molestas.

Por ejemplo: Siempre has sentido que tu hermano y tú tienen un vínculo especial. Llega el día de irte a la universidad, te sientes abrumado con una sensación de nostalgia. Con frecuencia lo extrañas, y esperas con ansias los fines de semana que puedas hablar por teléfono. Por fin llega el día de la llamada, pero desde muy temprano en la mañana has sentido náuseas, y un nerviosismo inexplicable.

Ejemplo: Tú y tu hermano tienen un vínculo especial. Cuando llega el momento de irte a la universidad sientes una abrumadora sensación de nostalgia. Con frecuencia la extrañas, y esperas con ansias los fines de semana que puedas hablar por teléfono. Finalmente llega el día de la llamada, pero desde la mañana has sentido ansias, náuseas, y un nerviosismo que no parece desaparecer. Sientes que algo extraño ha pasado. Decides llamarla para asegurarte que todo está bien, tu madre contesta y te revela que tuvo un pequeño accidente automovilístico, pero que todo está bien.

El ejemplo anterior representa claramente la manera en cómo operan las habilidades telepática, y puedes entender el rol que juega la intuición en ella. Es usual entre dos personas que comparten un fuerte vínculo, ya sea amoroso, de amistad, familiar, entre otras conexiones emocionales y extra-físicas. Sin embargo, el tipo más popular de telepatía es el que ocurre entre hermanos gemelos. Se tiene conocimiento de testimonios donde afirman sentir lo que su gemelo siente, o saber lo que está pensando sin necesidad de que lo diga.

Señales que tienen habilidades psíquicas

Ya hicimos un repaso por las habilidades psíquicas más conocidas. También podemos encontrar otras más oscuras como la precognición, viajes astrales, sueños lúcidos, comunicación con espíritus, etc. Todas ellas están conectadas por la clarividencia y la intuición.

No es necesario experimentar cada una de ellas para ser clarividente, cada una se manifiesta de manera distinta, aunque si experimentas al menos tres de ellas, tus probabilidades de serlo aumentan:

- **Intuición y corazonadas agudas**: Esto quiere decir que la mayoría de tus sospechas resultan ser ciertas. En realidad, todo ser humano tiene esta capacidad, pero una persona clarividente es mucho más poderosa en ese sentido. Este término se refiere a la atracción invisible hacia un pensamiento, lugar, o idea, que también puede reflejarse como un "conocimiento automático". Una corazonada común y una con apoyo psíquico difieren en que la primera ocurre en algunas ocasiones, mientras que las corazonadas psíquicas ocurren con mayor frecuencia.
- **Sentidos afinados por encima del promedio**: Nuestros sentidos físicos son nuestro marco de referencia, aprendizaje, y comprensión, aunado ahora con la percepción extrasensorial; sin embargo, en ocasiones se manifiesta primero a través de un desarrollo mayor de los sentidos físicos. Una manera de saber que tienes los sentidos afinados es escuchar cosas que no están ahí, o que sientas o escuches los pensamientos y sentimientos de otras personas. Otra manifestación sería una capacidad innata de terminar las frases de otras personas. En ocasiones, existen personas con conexiones más allá de lo entendible, y mayormente pueden saber lo que la otra persona está pensando, pero este tipo de conexión extrasensorial entre dos personas no

significa que sean personas telepáticas. En caso que te suceda con más de una persona, incluso con extraños, entonces sí puede ser una muestra de tu habilidad psíquica.

- **Sueños vívidos y claros**: nos referimos a aquellos sueños tan vívidos que se vuelven especialmente difíciles de diferenciar entre ellos y la realidad, incluso estando despierto, lo que puede ser un indicador de la presencia de percepción extrasensorial. Otra manera de interpretar este tipo de sueños es como "premoniciones". Por ejemplo: puede que sueñes con una ciudad que nunca has visitado, al día siguiente recibes una llamada para un trabajo en aquella ciudad. O puede que sueñes que te ganas la lotería, semanas después te ofrecen un ascenso en tu trabajo con un aumento significativo. Los sueños pueden revelarnos nuestras habilidades psíquicas escondidas, por lo que es importante que les pongas atención.
- **Te sientes atraído por la naturaleza y las cosas hermosas**: En muchas culturas se considera a la madre tierra como la creadora de todo y una fuente poderosa de energía extrasensorial. Es frecuente que brujas, clarividentes, hechiceros, y otras personas que hacen uso de esta energía se sientan atraídos y agradecidos por ella. Puede que tengas una fascinación con el mar, o simplemente te

sientas en paz cuando te pierdes en el bosque de regreso a casa, sientes felicidad y tranquilidad cuando te rodeas de la belleza natural. Esta conexión puede ser un indicador de la presencia de una habilidad psíquica. La clarividencia es una habilidad visual, por ende, se ve estimulada cuando este sentido es estimulado, así que te hace apreciar la belleza del arte como la pintura, dibujo, fotografía, y otras actividades que fomentan o requieren creatividad.

- **Visualizar las auras**: Las auras son luces coloridas alrededor de una persona, son proyecciones electromagnéticas que pueden ser percibidas y vistas. Nos dan información sobre las personas, sus pensamientos, sentimientos y energía. Pueden ser una herramienta importante para tener una mejor comprensión de ti mismo, y el mundo que te rodea.

En el siguiente capítulo abordaremos las ventajas y beneficios que trae consigo el desarrollar tus dones psíquicos.

2

Beneficios de las percepciones extrasensoriales

DEFINITIVAMENTE LAS PERCEPCIONES extrasensoriales son interesantes, útiles y fascinantes; nos dan el beneficio de ver el mundo desde ojos nuevos, únicos e inimaginables para otros. Sin embargo, no hay que perder de vista que esta maravillosa habilidad viene con grandes responsabilidades e incluso ciertos riesgos. Debes ser cauteloso del modo en que utilizas estos dones; esta perspectiva te permite tomar decisiones importantes con mayor facilidad e ir por el camino correcto en la primera oportunidad, pero aún más importante es el hecho de que puedes usarla para ayudar a otras personas.

Uno de los tantos beneficios de tener un don de clarividencia es la posibilidad de sintonizarte con todo lo que existe al incrementar tu vibración, y haciendo uso de tus habilidades lo puedes hacer, entre las más útiles, se encuentra la conexión con el universo y todo lo que está dentro de él. El universo está compuesto de energía, tú, yo, la naturaleza, los animales, todos somos energía en constante movimiento, se encuentra en nuestro interior y exterior simultáneamente, estamos conectados por vínculos que no podemos comprender y que son fascinantes. Cada que pones tu don psíquico en práctica, tu habilidad para sintonizarte con la energía del universo aumenta exponencialmente. Por ello, la meta principal de las personas altamente espirituales es llegar a su máxima capacidad de vibración para conectarse con su yo superior, esto les permite acceder a consejos y guías espirituales de seres divinos superiores a los humanos.

Una de las herramientas más importantes para el desarrollo de las habilidades psíquicas es la meditación.

Sin la meditación, no sería posible desarrollar el estado vibracional superior que necesitas para usar tus habilidades a voluntad.

Los chakras igual son elementos importantes para esto, se definen como puntos específicos que forman parte del sistema de energía, un conjunto de canales que recorren nuestro cuerpo y se conectan con la energía del universo, y pueden abrirse y cerrarse dependiendo de las acciones, sentimientos, y pensamientos del individuo.

· · ·

Para tener una vida mental, física y espiritualmente saludable debes asegurarte que tus chakras estén abiertos, equilibrados, y libres de energías negativas.

Es usual que aquellas personas sin una práctica espiritual o que no cultivan sus centros de energía tengan los chakras cerrados. Lo que repercute en su salud espiritual y por ende, en su salud física. Los chakras se encuentran conectados directamente con los sentidos psíquicos, así que mantenerlos liberados permite fluir a la energía que puede beneficiar y mejorar nuestras habilidades extrasensoriales. Para desbloquear y alinear los chakras, debes empezar por el camino hacia tu despertar psíquico.

Al meditar, nuestra mente puede acceder a lugar que nuestro cuerpo físico no es capaz, por lo que es importante aprender a hacerlo de manera correcta, lo que le dará inicio a tu camino hacia el despertar psíquico.

Una de las muchas ventajas de ser psíquico, es que te permite tener acceso al mundo espiritual y de igual manera, a tu propia espiritualidad, lo que te permite aprender más sobre ti mismo. Por ejemplo, puedes acceder a los Registros Akáshicos usando tus habilidades psíquicas, estos registros contienen información de tu vida pasada, presente y futura. Acceder a estos registros te da la oportunidad de aprender sobre las cosas que afectan y han afectado tu vida. Durante este estado, con acceso a los planos espirituales, puedes comunicarte con espíritus, guías, deidades, ángeles, y otros entes sobrenaturales que pueden darte información importante para tu vida.

Recuerda que tus habilidades psíquicas tendrán un impacto en las decisiones que tomes, usualmente para mejorar. Te guiaran en tomar los mejores caminos en tu vida y enfocar tus necesidades a satisfacer tu propósito de vida. La clarividencia te ayuda a limpiar esos caminos de obstáculos que se te interpondrán o se han interpuesto, es normal que te sientas abrumado de tener que tomar decisiones, sobre todo si son de gran importancia; sin embargo, cuando estas en sintonía con tus habilidades extrasensoriales, estas decisiones no serán tan complicadas como te imaginas. Tienes acceso a la enseñanza divina, y tus guías espirituales te impedirán sobre-analizar cada decisión que tomes.

Ahora bien, es claro que las habilidades psíquicas traen consigo muchas ventajas y beneficios, ahora veamos el otro lado del espectro. Uno de los riesgos emocionales es el egoísmo, el cual puede llevarte a tomar decisiones poco saludables para ti o los que amas, y de igual manera puede poner en retroceso tu viaje y hacer que dejes de tener acceso a tu aspecto espiritual. Ten en mente que el destino no está escrito en piedra, por lo que tampoco deberías utilizar de manera inapropiada la información que obtienes a través de tus habilidades, las decisiones que tomes sean positivas o negativas, forjarán tu destino.

Y finalmente, te aconsejo no abusar de tus habilidades, al fin y al cabo, estás usando recursos propios, así como tus sentidos físicos y psíquicos, puede tener repercusiones en tu salud física y mental. Incluso puedes comenzar a disociarse de tu realidad física si pasas la mayoría de tu tiempo en el mundo espiritual, sin importar la práctica espiritual que sigas, o que libros leas, siempre encontrarás que el equilibrio es la clase para un camino espiritual saludable. Pon en práctica los consejos que has encontrado en este capítulo con el fin de aprovechar al máximo tus habilidades.

3

Los tres diferentes tipos de psíquicos

Cuando se habla de los tipos de psíquicos, sale a relucir una amplia discusión y variedad de opiniones. Resulta complicado definirlo con exactitud sin recaer en clichés o términos fantásticos, y se debe a porque no existe solo un tipo de psíquico, así como no existe una sola habilidad psíquica. El sentido psíquico prominente define tu habilidad psíquica, y así pueden identificar el tipo de psíquico que eres. Por lo tanto, la diferencia principal entre los tipos psíquicos es sus habilidades para percibir información.

Al hablar de sentidos psíquicos nos referimos a las habilidades psíquicas, y como ya sabes la clarividencia es una de ellas, aunque seguramente aún tienes muchas dudas: Entonces, ¿qué clase de psíquico soy?

¿Cuáles son otras habilidades psíquicas? ¿Qué me distingue de otros psíquicos? ¿Qué son los cuatro sentidos claros (four clair senses)? Todas tus dudas tendrán respuesta, pero es necesario que vayamos paso por paso para no abrumarte con la información y que puedas asentar todas tus ideas. Todo ser humano viene a este mundo con al menos uno de estos sentidos, pero conforme va creciendo pierde contacto con ellos. Son una manera de recibir información abstracta, es decir, son canales de comunicación que en ocasiones pueden recibir incluso el mismo mensaje. Por ejemplo, necesitas entregarle un paquete a un familiar, por lo que tienes la opción de usar un servicio de paquetería, llevárselo en persona si vive cerca, o llamarle para que pase a tu domicilio por él.

El paquete no cambia, es el mismo, tampoco cambia su intención, pero los canales de comunicación pueden variar dependiendo de tu elección. Algo similar ocurre en la comunicación y los sentidos psíquicos.

Mientras que la clarividencia es un canal de comunicación visual, la clarisentencia te permite sentir en su lugar.

Aunque la manera de recibir la información puede variar, incluso puede que ni siquiera seas capaz de identificar cuál de tus sentidos estás utilizando para recibirlas.

. . .

Todos trabajan con la intuición, así que es difícil saber cuál es tu sentido "claro" prominente. De hecho, esto no es tan crucial, porque si puedes conseguir información importante y útil ¿a quién le importa cómo la conseguiste? Lo importante es que eres psíquico.

Aunque, es natural que sientas curiosidad, por lo que te explica cómo reconocer los sentidos claros.

Clarividencia (visión clara)

Si, empezamos por lo más conocido y cliché, por así decirlo. La clarividencia es la habilidad más conocida y comúnmente confundida como sinónimos de la palabra psíquico, confusión y popularidad que ha sido alimentada por la industria cinematográfica. La definición corta de la clarividencia en realidad es "visión clara" o "ver claramente" gracias a sus raíces etimológicas, en lo que concierne a este libro podemos interpretar esta palabra como "visión psíquica". Esta habilidad te permite ver mensajes psíquicos.

Es lo que frecuentemente se presenta en las personas, e incluso en individuos que aseguran no tener estas habilidades extrasensoriales, suele suceder aunque pase desapercibido. Aunque es fácil confundirlo con la manifestación o el deseo de que algo suceda, suele interpretarse como simples anhelos, sueños inalcanzables, o pensamientos de una mente vagabunda.

Visto desde otra perspectiva, más sencilla a mi parecer, la clarividencia en realidad es como una pequeña película que se manifiesta en tu mente, que puede variar entre individuos en la interpretación, incluso en ocasiones con diferentes herramientas. Mientras que unos reciben mensajes en forma de una pantalla móvil que aparece en su cabeza con símbolos, imágenes, etc. Otros obtienen imágenes de persona u objetos con características específicas, esto involucra a espíritus que se presentan en formas materiales vividas, que pueden interactuar con la persona con habilidades psíquicas. Es una experiencia que se puede sentir muy real, pero en realidad estás usando los "ojos de tu mente", es decir, no usas tu cuerpo físico.

No obstante, la clarividencia no te da un video mental de todo lo que sucederá o del espíritu que estás intentando contactar, como se muestra en las películas.

En realidad, se presenta una serie de imágenes visuales que pueden obtener rostros, símbolos, o indicadores que el usuario debe interpretar para obtener el mensaje claro o respuesta. Sin embargo, no siempre se presentan de manera clara, son señales sutiles y que, con frecuencia, los psíquicos no entrenados pasan por alto. Es importante que tengas conocimiento sobre lo que debes buscar o lo que puede suceder si te llega un mensaje:

- En ocasiones recibes imágenes mentales sin relación a tu actividad o contexto actual
- Imaginas o visualizas objetos, lugares, y rostros fácilmente
- Símbolos, imágenes, y colores parecen parpadear frente a tus ojos
- Tienes sueños o visiones que parecen ser películas en tu cabeza

La habilidad de visualizar es crucial para la clarividencia, hace honor a su significado "visión clara". Por ejemplo, una señal muy evidente, es soñar despierto y es algo que fácilmente para aquellos que tienen el don de la clarividencia. Las formas más comunes en las que se presentan los mensajes o respuestas para los clarividentes son:

- **Símbolos:** Esta forma de recibir mensajes no es exclusiva de los clarividentes, de hecho, es la forma en que la mayoría de psíquicos recibe mensajes, independientemente de su tipo de habilidad. Conforme vayas entrenando tu intuición, el significado de estos símbolos se volverá más fácil de interpretar, sin importar si al principio te sientes confundido. Por ejemplo, en vez de mostrarte el rostro de alguien nuevo en tu vida, probablemente te llegará la imagen de tu comida favorita, o la casa donde nació. Puede que no establezcas las conexiones inmediatamente, pero con el tiempo y la práctica de entrenamientos psíquicos, serás capaz de afinar tu intuición y habilidad para comprenderlos.

- **Imágenes y videos:** Como vimos en páginas anteriores, existen diferentes tipos de psíquicos y diferentes maneras en las que reciben mensajes, y otra de estas posibilidades es que se presentan como imágenes o películas en vez de símbolos; esto no quiere decir que veas un video de una hora con subtítulos y música de fondo, puede aparecer como imágenes en movimiento, o una serie de fotografías similar a una presentación de diapositivas, e incluso puede ser un símbolo dentro de una imagen o transformado en imagen. Por ejemplo, en lugar de visualizar un auto (probablemente el auto de tu futura pareja) puedes visualizarte manejando un auto que nunca habías visto, estacionando, y recogiendo a alguien que nunca has visto. Esta serie de imágenes pueden traducirse a matrimonio en un futuro cercano, o incluso que pronto llegará tu compañero de vida.

Lo que podemos aprender de estos ejemplos de diferentes habilidades psíquicas, es que la persona psíquica recibe mensajes de distintas formas, pero siempre a través del "tercer ojo". No se manifiestan de manera física, ni se materializan para la visión de las personas a tu alrededor.

Debes usar tu visión psíquica, y esta proviene del ojo que está en el centro de tu frente. El término de "tercer ojo" es usado como sinónimo para el ojo mental, el medio por el cual los clarividentes reciben información.

Clariaudiencia (escucha clara)

Ahora que hemos revisado el término de clarividencia a fondo, parece ser un poco auto explicativo. Se refiere a la habilidad natural de "recibir" mensajes usando tus sentidos extrasensoriales. Mientras que la clariaudiencia se refiere a ver, la claridad se refiere a escuchar.

Así como las personas clarividentes reciben imágenes de diferentes formas, las personas clariaudientes pueden escuchar ideas, instrucciones, o mensajes en su cabeza.

Aquí volvemos a tener una idea equivocada bastante popular que las voces que se escuchan son demoníacas, pero en realidad el tono es similar a la de la persona.

Incluso, parece que estuviera hablando consigo mismo.

. . .

Este diálogo puede provenir de dentro de su cabeza o del exterior.

Los mensajes de clariaudiencia normalmente suenan como un pensamiento pronunciado, su sutileza y suavidad hace que la gente crea estar pensando en voz alta. La comunicación con espíritus también puede suceder, y al principio suelen ser muy difíciles de comprender para la persona. Los espíritus tienen que reducir su vibración para poder comunicarse con los humanos, esto hace que su voz se vuelva rasposa y profunda.

Con este don, también se puede recibir mensajes o señales en forma de sonidos o incluso melodías, puedes escuchar palabras, frases completas, nombres, y mensajes de entidades del más allá. En ocasiones, los mensaje clariaudientes son recibidos como sonidos físicos del plano etéreo, este tipo de mensajes no se traducen a una lengua comprensible para los humanos, por ello se escucha el sonido, la música, o las palabras usando tu voz física, incluso si desconoces el origen de ellas.

También nos podemos encontrar con mensajes en forma de advertencia, por lo que los espíritus utilizan sus propias voces para comunicarse, y no se limiten a usar simples palabras o sonidos. Por ejemplo, imagina que estás en una situación tensa y tu guía espiritual necesita advertir que salga de inmediato; puede que escuches un fuerte sonido de advertencia en tu cabeza. Probablemente tu primera reacción no será salir, pero no hay necesidad de asustarse, los espíritus gustan de mandar mensajes sutilmente para evitar generar pánico. Durante tu camino a dominar y aprender más sobre tus habilidades, tendrás muchos momentos de confusión, sin entender del todo las señales que provienen de ti o de tu guía espiritual, en realidad la fuente no relevante, lo importante es que afines tus instintos para poder interpretarlos de manera correcta.

En realidad, toda persona psíquica puede descifrar señales auditivas, pero aquellos que son clariaudientes pueden identificarlos e interpretarlas con mayor facilidad gracias a que la audición clara es su sentido psíquico principal. Si te gustaría saber si la clariaudiencia es tu sentido dominante, pon atención a las siguientes señales:

- Disfrutas de la música. Siempre estás escuchando alguna canción o incluso tocas uno o más instrumentos musicales
- Te conectas con tu ser interior al escribir o practicar tu música
- Aprendes escuchando. Es más sencillo para ti entender un concepto si te es explicado frente a frente o en audiolibros en lugar de tener que leer al respecto

- El ruido negativo o sin sentido te irrita y pone de mal humor
- Tienes un monólogo interior, hablas contigo mismo y siempre "estás en tu propio mundo" dentro de tu cabeza.

Si te identificas con tres o más de estas características, puedes dar por sentado tu habilidad, y aun si no, también te puede decir que tengas esta habilidad aunque no sea tu sentido dominante. En la siguiente lista puedes encontrar experiencias clariaudientes con el fin de identificarlas y no confundirlas con otras situaciones no extrasensoriales:

- Escuchas voces que son similares a la tuya
- Tienes un monólogo interno, pero a veces esa voz parece provenir de fuera de tu cabeza
- Las experiencias son cortas y con un objetivo que se cumple durante la experiencia

La confusión de experiencias clariaudientes con corazonadas o un monólogo interno suelen confundirse a menudo, en la mayoría de las ocasiones se les da una explicación lógica, como que alguien les menciono algo y simplemente lo olvidaron. Esto sucede debido a que usamos la intuición día con día. Te contaré la siguiente anécdota sobre mi madre, quien me compartió una vez que cuando yo recién había nacido mi padre trabajaba y ella con frecuencia debía hacer las compras de mi alimento. En su camino a la tienda de abarrotes, que se encontraba a una esquina de nuestra casa, debía atravesar una calle un tanto problemática, al no tener tope los autos iban a altas velocidades incluso aunque no debían. Ella miró hacia ambos lados antes de cruzar, y al no ver automóviles en el horizonte atravesó la avenida. Unos pasos antes de llegar al otro lado, mi madre cuenta haber escuchado una voz que le dijo "salta", ella lo describe como un "no sé qué" que la hizo saltar sin ninguna razón aparente. El segundo en el que aterrizó a salvo sobre la escarpa, un automóvil manejando a alta velocidad pasó por el punto donde había estado parado hacía solo un momento.

Ella asegura que nunca vio el automóvil ni escuchó que se acercara, sólo la voz misteriosa que le pidió que saltara. Al día de hoy, ella cuenta esta historia como una experiencia cercana a la muerte, afirma que, de no ser por esa voz y ese pequeño salto, el automóvil le hubiera pasado por encima. Mi madre no se considera una persona psíquica, y puede que tenga razón, sin embargo, es obvio para más de un individuo con el don es evidente que tuvo una experiencia clariaudiente.

Clarisentencia (sensación clara)

La clarisentencia, como mencionamos en el capítulo anterior, es el sentido dominante de las personas empáticas y altamente sensibles. Se refiere a la habilidad para sentir o recibir mensajes usando las emociones, sentimientos, y sensaciones físicas. Por ejemplo, imaginemos que alguien de nuestra familia tiene una enfermedad que le causa mucho dolor, aunque nada grave ha sucedido, todos los días te sientes abrumado, exhausto, y sin energía. Puedes notar que todos en la familia se sienten desanimados, pero nadie de la manera en la que tú te sientes.

Sin darte cuenta, has estado absorbiendo la carga que representan todas esas emociones unidad, por ello resulta lógico que estés experimentando repercusiones negativas en ti, incluso más de lo que la situación amerita. Esta es una señal evidente de tu habilidad psíquica.

Para las personas clarisentientes es menester un tiempo de sanación donde solo se encuentren con ellos mismos, debido a que suelen absorber cada sentimiento, emoción, sensación, y energía que los rodea independientemente de la sutileza de estos. Estos espacios pueden ser en tu propia habitación, un lugar lejano, o estar conectados únicamente con la naturaleza sin nada de distracciones tecnológicas. Aunque parezca algo tonto, incluso pueden pasar un mal momento al escuchar las noticias amarillistas o ver películas demasiado trágicas, se llegan a identificar y sentir las emociones de aquellos afectados o los personajes en dichas historias.

. . .

El sentido predominante en un clarisintiente es la sensación. Si a menudo tienes emociones fuertes en relación a personas, lugares, u objetos, puede que seas un psíquico clarisintiente.

Los psíquicos clarisientientes llevan el concepto de empatía a otro nivel, pueden sentir rayos de dolor cuando ven a alguien con heridas graves, o tener un episodio depresivo después de ver noticias trágicas en la televisión. Incluso son capaces de saber lo que otros individuos sienten antes de que lo expresen.

Al igual que con los otros sentidos, es probable que una experiencia clarisintiente te haya pasado por desapercibida. Por ejemplo, puede que la muerte de un familiar de un amigo lejano te haya afectado más de lo usual, alguien que ni siquiera conocías, simplemente porque tu amigo se mostraba realmente afectado. Un clarisintiente puede experimentar las siguientes sensaciones:

- Sientes el dolor, físico o emocional, de otras personas
- Tienes sentimientos intuitivos, y acertados, sobre personas, lugares, o situaciones
- No funcionan a su máxima capacidad cuando están rodeados de una multitud
- Se sienten agobiados cuando están cerca de demasiadas personas

- Películas, noticias, y programas de radio pueden abrumarnos si el contenido es negativo

Si te consideras una persona "demasiado emocional", es probable que seas un psíquico clarisintiente. Antes de que te comiences a sentir preocupado, no quiere decir que te vas a sentir abrumado por el resto de tu vida, ahora que has identificado tu habilidad, es momento de ponerla en práctica y entrenarla para volverse menos sensible a los sentimientos ajenos.

Asimismo, es importante que no compares tu habilidad con otras habilidades psíquicas. Si, la clarividencia es algo más popular en la cultura, pero no quiere decir que la clarisentencia no tenga sus ventajas. En el camino a dominar tu habilidad, te encontrarás con nuevas maneras de hacerla útil para tu propio interés y la ayuda de otros.

De igual manera, podrás recibir consejos y guía de seres espirituales.

Clariconciencia (conocimiento claro)

Si en más de una ocasión te has encontrado terminando las oraciones de otras personas, o tus instintos son especialmente agudos y el conocimiento solo "aparece" en tu mente, es muy probable que seas clariconciente.

Entendida como la habilidad de tener conocimiento psíquico, y ocupa el cuarto lugar de las principales habilidades psíquicas. Se caracteriza por la presencia de conocimiento sin justificación alguna, y se manifiesta en forma de corazonadas intensas, para las personas que la poseen, el instinto es mucho más agudo. Como hemos mencionado anteriormente, todas las habilidades funcionan con base en el instinto, pero la intensidad de este es la base principal de la clariconciencia. Es una sensación mucho más intensa, que simplemente no puede ser ignorada por la persona que lo experimenta.

La información acertada que llega sin fundamento alguno, es la naturaleza de esta habilidad; pensamiento e ideas se presentan en tu mente, y tienden a ser específicos, aunado a ello, también puedes recibir hechos, información, ideas que se manifiestan en tu consciente sobre otras personas o situaciones. Las personas que lo han experimentado, lo describen como "epifanías", que se refiere a la manifestación repentina de ideas o la sensación de saber qué hacer. Por ejemplo, cuando tu instinto te dice o te hace sentir desconfianza inmediata de una persona que acabas de conocer, las personas de tu confianza opinan que exageras ya que esa persona en cuestión es amable, carismático, y divertido; sin embargo, ese tipo de corazonadas siempre terminan por ser ciertas.

· · ·

Si pudiéramos representar la clariconciencia con una imagen o símbolo, definitivamente sería un foco eléctrico. Es un referente en la cultura popular para representar que una persona ha tenido una idea brillante repentina, como seguramente has visto en caricaturas. Suelen pasar en momentos inesperados, al azar, y sin importar el contexto o la situación en la que te encuentres, ya sea durante la comida familiar, en una salida con amigos, en la oficina, o incluso en el baño.

Resulta complicado diferenciar entre pensamientos comunes o epifanías lógicas de las epifanías psíquicas.

Nuestra mente está entrenada a tener pensamientos que nos protegen. Suele ser común confundirlos, puedes pensar que estás teniendo una visión clariconciente cuando en realidad ya habías tenido acceso a información relacionada, pero sin haberlo notado. Para practicar la habilidad, y aprender a diferenciarlas, existen formas específicas de hacerlo:

- **Instintos agudos y acertados:** Todo ser humano tiene instintos que vienen desde las épocas de supervivencia. Los instintos han llegado con la misma vida, se han formado y desarrollado con el tiempo con base en nuestras experiencias como individuos y sociedad. No obstante, estos instintos pueden llegar a ser erróneos. No queremos decir que la clariconciencia pueda equivocarse, de lo contrario, es una clara diferencia a destacar. Los individuos con esta habilidad poseen instintos a prueba de todo. Sus corazonadas son capaces de predecir eventos que aún no han sucedido, y es seguro que sucederán, así de poderoso es esta habilidad. Una señal clariconciente significa que sabrás con exactitud cuando no asistir a una fiesta, cambiarte de trabajo, o confiar en esa persona que te da mala espina. No sabes por qué, pero lo sabes.

- **Detectar mentiras:** Nadie ni nada mejor para detectar mentiras que un psíquico clariconciente. Su capacidad para saber que una persona está siendo deshonesta es impresionante. Si esto te sucede a menudo, es una señal clara que eres clariconciente. Ten en mente que también puede estar presente en otras habilidades, así que tomate tu tiempo para comparar tus sentidos y tus premoniciones para identificar cual es el predominante. Si la clariconciencia es tu habilidad predominante, siempre sabrás cuándo alguien está mintiendo, sin importar el carisma, nada se te pasa, y las personas confían en tu tino.
- **Ideas y soluciones espontáneas:** En párrafos anteriores mencionamos como la

clariconciencia se asemeja a una epifanía. Por ejemplo, te encuentras en una encrucijada referente al trabajo, llevas horas pensando en todas las soluciones posibles. Y de la nada, una idea te llega a la cabeza, y aunque no parezca tener sentido es la solución que necesitabas. Si algo similar te ha sucedido en más de una ocasión, lo más probable es que seas clariconciente. Simplemente te llegan ideas a la cabeza sin razón alguna o sugerencias de una fuente no reconocible, esa es otra señal clara. Los psíquicos clariconcientes reciben mensajes por medio del pensamiento, en la forma de ideas, o sugerencias. No existe un momento u hora en específico para recibir estos mensajes, llegan sin aviso en cualquier momento. El tiempo que le dediques a su interpretación es de gran importancia, sin embargo; la clariconciencia al estar ligada estrechamente con el instinto, es probable que sepas de inmediato el significado del mensaje, aun así, no los pases por alto.

Trabajar y desarrollar tu clariconciencia es una de las mejores maneras de despertar o desarrollar tus habilidades psíquicas. Impulsará el uso de tu intuición y practicarás para escucharla por sobre todas las cosas.

Clarioliencia (olfato claro)

. . .

Estamos casi seguros que el olfato psíquico te parece una idea estúpida, pero te sorprenderá saber que este es uno de los sentidos más poderosos, tanto en el plano físico como en el plano espiritual. Es posible que evoque emociones y memorias de una manera asombrosa, algunos expertos afirman que, si estudias portando una fragancia y utilizas la misma fragancia durante el examen, es más probable que recuerdes el contenido estudiado. También puede evocar emociones intensas, el olor de tu pareja, la comida de tu madre, hasta el olor peculiar de tu pueblo natal. A diferencia de los otros sentidos, la clariolencia ocurre con más frecuencia en las personas psíquicas o no. Se refiere a la habilidad psíquica por medio del olfato. Para las personas psíquicas clariolientes los olores funcionan como una forma de señal espiritual.

A pesar de ser común, es poco conocida, y pocos son los psíquicos que logran tenerla como sentido principal, lo que sí es seguro es que es una habilidad increíble y con muchas ventajas.

Las personas clariolientes son capaces de sentir olores que otros no pueden percibir, los que pueden contener mensajes espirituales o información del mundo psíquico.

. . .

Para saber si este es tu sentido predominante es importante que pongas atención o hagas memorias si los olores han impactado en tu estado de ánimo. Por ejemplo, fragancias agradables pueden ponerte de buen humor, y ciertos olores repugnantes pueden arruinar tu día por completo. Puedes hacer un pequeño experimento para tener más información sobre tus habilidades, presta atención a los olores que te rodean cuando te estés sintiendo de ciertas maneras. También debes poner atención a la frecuencia de estos olores y si realmente son olores provenientes de tu ambiente o señales divinas. Si sientes un olor anormal, es decir, que no suele estar en tu ambiente, puede que uno de tus espíritus guías esté intentando comunicarse contigo.

Una señal clara de la clarioliencia es sentir repentinamente olores de familiares fallecidos, como su colonia, o el olor de su jabón.

Puede ser de alguien que haya formado parte importante de tu vida y que está tratando de comunicarte algo. Recuerda tomarte el tiempo para interpretar el mensaje que se te está presentando. Estos olores pueden ser muy variados, desde el olor de comida a fragancias específicas como el tabaco, pero casi siempre en relación con el espíritu; reconoce su presencia e intenta reciprocar la comunicación. La meditación es algo que te puede servir de herramienta, concéntrate en las memorias que compartiste con esa persona, en cómo te hacía sentir su olor, o enfócate en las emociones que se presentaron después de su fallecimiento. Esto hará que el espíritu de la persona se sienta apreciado y escuchado.

En ocasiones no serán espíritus conocidos, sino tus espíritus guía. Otra señal de que es tu habilidad predominante, es que los espíritus guían busca enviarte una señal usando los olores, probablemente un olor floral. Para poder detectar que es un olor espiritual, es necesario observar que en tu ambiente no exista un objeto físico que evoque ese olor. Por ejemplo, si sientes un olor a flores sabiendo que no tienes en casa ni en tu jardín, entonces quiere decir que estás recibiendo una señal divina. Presta atención a los detalles de tus alrededores, una vez que hayas desarrollado la habilidad podrás usarla para diferentes cosas que te serán útiles.

Otro uso que le puedes dar a esta habilidad es revivir memorias que de otra manera no te sería posible recordar. Una sola esencia puede revivir una ola de memorias sobre una persona o una situación, incluso estas memorias podrían no estar en tu mente consciente. Así como puede ser algo complejo también puede ser algo simple, como el hecho de que el olor de un restaurante puede desatar memorias de tu infancia.

La clariolencia también te permite leer e interpretar a las personas. Así como con el instinto, el olor te puede dar una impresión psíquica de ellos. En realidad no importa la intensidad de la fragancia, puedes notar si la persona está asustada, está siendo deshonesta, se siente feliz, incomoda, enamorada, entre otras tantas emociones. Literalmente puedes "oler" como se siente.

La clarioliencia te permite sentir la energía de las personas o situaciones. Imagina que estás en un lugar que te hace sentir incómodo, no sabes por qué de inmediato, pero al poner atención a tu olfato, puedes detectar un olor que te ofrezca información del lugar. Gracias a esta habilidad eres capaz de "oler" el peligro. Después de todo, el ser humano usa su olfato en el día a día, como para saber si un alimento se descompuso, es un ejemplo mundano de cómo nuestro olfato no ayuda a prevenir el peligro.

Es lo mismo que sucede en situaciones peligrosas, incluso si no puedes identificar con tus otros sentidos de donde viene la señal, confía en tu instinto cuando te alerta sobre un posible peligro.

Todo ser humano emana esencias naturales que se originan de las vibraciones energéticas. No importa si la clarioliencia no es tu habilidad predominante, puedes detectar el olor de todo lo que está a tu alrededor con tu energía. Pero si eres clarioliente, tu capacidad de sentir olores es mucho más aguda. No solo el olor puede influir en tu estado de ánimo, sino que con el tiempo puedes aprender a usar los olores para influir en el humor de las personas alineando tu esencia natural con la de ellos.

Recuerda que todo don viene con responsabilidades, así que recuerda nunca usarlo con fines egoístas.

Clarigustancia (gusto claro)

Ahora sabes que los sentidos físicos están directamente conectados con los psíquicos. Y por último, como era de esperarse, tenemos el sentido del gusto. La clarigustancia es el sentido psíquico del gusto.

Se manifiesta a través de los objetos que colocamos dentro de tu boca, esta subconscientemente es capaz de percibir la energía y sabor. Sin embargo, esto no significa que puedas recibir señales comiendo cualquier alimento, la clarigustancia funciona con las sensaciones generadas dentro de tu boca incluso cuando no hay comida en ella, muy parecido a la clarioliencia. Si esta es tu habilidad predominante, puedes sentir el sabor de todas las energías del universo, por ende, con frecuencia sientes sabores dentro de tu boca, incluso si no estás comiendo nada, que te pueden evocar memorias de alguna experiencia, idea o circunstancia. Así como con la clarioliencia, puede suceder de la nada, el sabor de las galletas que hacía tu mamá puede recordarte a tu infancia con ella, es un claro indicio de clarigustancia. Puede ser el medio por el cual tus espíritus guía se quieran comunicar contigo.

Así como sucede con las otras habilidades, debes tomarte el tiempo para interpretar su significado. En este caso, debes prestar atención al sabor, la sensación, y los recuerdos que dispara. ¿Te resulta familiar? Incluso puede ser algo que desconozcas, que nunca hayas probado. Existen diferentes maneras de interpretar los mensajes, y con la práctica será más sencillo. En el cuerpo físico, el sentido del olfato y el gusto están interconectados, de la misma manera puedes apoyarte en otros sentidos psíquicos.

Cualquiera que sea tu habilidad predominante, es importante para tu camino psíquico prácticas con frecuencia y pacientemente afinar tu instinto. Si apenas estás iniciando, no te apresures, no esperes dominar tu habilidad en un día. Si ya has adquirido algo de experiencia en el uso de tus habilidades, siempre ten en mente que debes usarlas con responsabilidad, es un don y debes sentirte afortunado. No te preocupes si únicamente cuenta con una habilidad predominante, con el tiempo y práctica podrás entrenar tu intuición para recibir mensajes a través de otros sentidos.

4

Deshacerte de tus bloqueos

El viaje hacia la plenitud psíquica es muy interesante, normalmente empieza con un leve interés que con el tiempo se convierte en necesidad de autoconocimiento, y si eres consistente en ello te dedicas a desarrollar tu intuición y tus nuevas habilidades psíquicas adquiridas. Al principio no vas a poder con tus emociones, entrarás en una fase de luna de miel con tus habilidades psíquicas, debido a que estás en el proceso de desarrollar una conexión especial con tus capacidades extrasensoriales. Disfruta mucho estas emociones, pero sin perder contacto con la realidad. Ningún proceso es lineal, especialmente uno como este, habrá ocasiones que ya no recibas mensajes intuitivos, tu progreso se verá limitado en algún punto, y es justo en este momento donde debes trabajar más duro, hagas lo que hagas no te rindas.

. . .

Es una fase del proceso completamente normal. Al inicio todo es una emocionante aventura, pero todo parece ir en declive cuando llega el momento en que tus habilidades parecen no avanzar más y puedes perder la motivación para continuar tu viaje. Te ayudará saber que no estás solo, algunos llegan hasta perder la fe en la existencia de estas habilidades, pero siempre ten en mente que estas habilidades existen tanto como el sol, la luna, y otras maravillas de la naturaleza que nos rodean. Estos episodios de falta de fe se dan a consecuencia de los bloqueos de energía. Por lo que es importante que antes de iniciar tú proceso, o si ya te encuentras en él, conozcas bien sobre estos bloqueos, y sobre todo que entiendas cómo te afectan en la liberación de tus habilidades psíquicas.

Para comprender mejor sobre estos bloqueos, debes hacer memoria sobre lo que conllevan las habilidades psíquicas.

Retrocedamos un poco con el concepto de la energía de la personalidad del alma. Solemos relacionar la vida con nuestro cuerpo físico, pero nuestra verdadera fuente de vitalidad se encuentra en nuestra alma. Estamos hechos de energía vibracional que nos une a nuestro ambiente.

Durante nuestra infancia, nuestra curiosidad, inocencia, apertura de mente, y pureza natural nos facilita esta conexión, pero conforme vamos creciendo perdemos el contacto con nuestras raíces psíquicas y reprogramamos nuestro cerebro con el objetivo de encajar en la sociedad. Piensa en esta claridad como el parabrisas de un automóvil, si no lo lavas con frecuencia, el polvo se acumulará y eventualmente nublará el cristal que te permite ver con claridad.

Continuando con esta metáfora, este polvo es equivalente a un bloqueo de energía. Estos nos pueden llegar a impedir la posibilidad de acceder a nuestros dones psíquicos y espirituales. Si los bloqueos de energía permanecen, simplemente no te será posible avanzar en el desarrollo de tus habilidades psíquicas. Los bloqueos de energía son más comunes de lo que piensas, y muchas personas lo experimentan sin saberlo, y por lo mismo nunca son conscientes de sus habilidades psíquicas. Los bloqueos son completamente naturales, por lo que no te debes sentir culpable, ni fracasado, existen varios factores que pueden provocar un bloqueo, pero las emociones suelen ser el factor principal. Aunque en otras personas las dificultades físicas también han contribuido a causar bloqueos energéticos.

Las emociones juegan un rol importante en nuestras experiencias de vida, por lo que pueden afectar el flujo natural de la energía dentro de ti. Por un lado, las emociones positivas suelen ayudar al flujo de la energía, entre ellas podemos experimentar la alegría, la felicidad, emoción, empatía, compasión, amor, esperanza, etc. Y si inundas tu mente con energías positivas, te verás rodeado de gente con energía similar. Por otro lado, las energías negativas, el miedo, ira, preocupación, odio, y la ansiedad tendrán un impacto negativo en tu mente, llevándote a desgastar.

Algo que parece inherente al ser humano es la habilidad de suprimir emociones. Desde muy pequeño comenzamos a desarrollar esta habilidad dependiendo de nuestro entorno. Y no somos conscientes que al suprimir emociones, estamos bloqueando nuestros dones psíquicos, los seres humanos estamos hechos para sentir, expresar, y vivir nuestras emociones. Cuando suprimes o reprimes tus emociones, tu cuerpo se encarga de ocultarlas fuera de la vista, y eso puede provocar un bloqueo. En ocasiones, al no dejarlas salir, puede manifestarse con un padecimiento físico, así como la ansiedad, el dolor, la migraña, dolor crónico, etc. Y sobre todo, limitar el acceso de tus habilidades psíquicas.

No todo individuo que se encuentra desarrollando sus habilidades psíquicas puede experimentar con bloqueos de energía. Pero si llega un punto de autorreflexión donde se preguntan si han hecho algo mal. Vamos de nuevo con la metáfora del parabrisas que mencioné antes. Naturalmente contamos con una claridad en nuestro espíritu y alma, pero luego llegan los conocimientos y experiencias de vida que te llevan a formar creencias, ideas, y opiniones que pueden hacerte dudar de la existencia de tus habilidades. Asimismo, existen personas a tu alrededor con parabrisas extremadamente sucios, no tienen memoria de lo que podían ver durante sus días de claridad, y esto se puede contagiar y podrían significar un obstáculo en tu desarrollo espiritual. Aventurarte en el viaje del autodescubrimiento psíquico, te estás dando a la tarea de limpiar el parabrisas que se ha ensuciado durante tu vida. Entre más te esfuerces, más clara será tu visión, y por ende tu espiritualidad. Ten en cuenta que la limpieza no es algo de una sola vez, sino que necesita cuidados constantes para que no se vuelva a ensuciar. Así sucede con los bloqueos psíquicos, si no prácticas tus habilidades constantemente pueden llegar a deteriorarse, y con el tiempo vuelven los bloqueos de energía.

Como seres sociales que somos, es normal generar opiniones, emociones, e ideas sobre el mundo.

Es parte inherente de nuestro proceso cognitivo el querer comprender lo que nos rodea. Lo hacemos constantemente con situaciones, experiencias, e incluso con personas. En ocasiones lo hacemos de manera consciente, pero en otras de manera inconsciente. Vivimos experiencias que nos hacen sentir emociones de baja vibración, como el enojo, el miedo, la duda, la sospecha, el juicio, y otros sentimientos negativos. Y estos sentimientos nos hacen complicado alinearnos con los espíritus, por lo tanto, es más sencillo que se alineen con emociones como el amor, la felicidad, la alegría, y la fe, es decir, emociones de alta vibración.

Así como con las habilidades extrasensoriales, los bloqueos energéticos también se manifiestan de diferentes formas, según el lugar donde se localice es el nombre que recibe. Algunos son más fáciles de localizar que otros, debido a su localización o frecuencia, por lo que se pueden volver difíciles de localizar en tu sistema.

A continuación, empezaremos un repaso por los principales y más comunes bloqueos, donde los podemos localizar en nuestros sistemas, y posteriormente, abordaremos cómo eliminarlos para poder acceder de nuevos a nuestras habilidades extrasensoriales.

Bloqueo de aura

En el aura se suelen originar los bloqueos psíquicos debido a una distorsión de la energía. Este tipo de bloqueos son los más comunes, y se deben a que la energía comienza a alentarse y atorarse, la energía de esta área se encuentra en constante movimiento, por lo que las energías negativas infiltradas dentro de ella pueden ocasionar problemas. Algunos ejemplos son huellas y apegos como implantes o cordones etéricos. Algunos de los síntomas que se presentan al tener un bloqueo en el aura se ubican en el lugar donde está situado o se relaciona con la energía que causó el bloqueo. Una de las maneras más efectivas de eliminar este bloqueo es limpiar el aura, repararla, retirar los apegos, y afinar la frecuencia. El mantenimiento al aura es importante para mantenerla sana y evitar estos bloqueos en el futuro.

Bloqueo de chakras

Los chakras forman parte de los componentes de energía que forman tu campo y cuerpos de energía. Esta fluye hacia tus adentros y afuera en vaivén en tu cuerpo físico por medio de los chakras.

Nuestro sistema está compuesto de siete chakras, y cada uno tiene una función específica con su energía correspondiente, por lo que generan diferentes síntomas y representan diferentes bloqueos. Un solo bloqueo puede afectar todo el sistema de energía de los chakras. Además, no solo puede afectar a tu campo de energía, sino que también puede tener repercusiones en tu salud mental y física. Su efecto puede llegar a ser muy dramático, debido a que un solo bloqueo en el sistema de energía evita que puedas recibirla y emitirla, reduce tu vibración, y vuelve imposible alinearte con tu espíritu. Este bloqueo se soluciona aclarando, abriendo, alineando y balanceando tus puntos de energía. Una vez que son liberados y balanceados se podrán mantener saludables de nuevo.

Bloqueo emocional

Los bloqueos emocionales ocurren en distintos cuerpos energéticos al mismo tiempo, por lo que son más complicados de eliminar. Lo primero es, tener conocimiento sobre las diferentes capas que componen el campo natural, y la emocional es la localización primaria de los bloqueos emocionales. Esto tiene repercusiones secundarias en el sistema de energía de los chakras, en especial el chakra sacro y los meridianos.

Las capas aurales se extienden una sobre otra como una cebolla, es decir, la energía debe fluir a través de las superiores para llegar a las centrales; si una tiene un bloqueo las otras se verán escasas de energía, puede que estén liberadas pero la energía no podrá fluir hacia ellas gracias al bloqueo en la capa superior, y de esta forma tu cuerpo se verá afectado. Para eliminar los bloqueos emocionales debes dejar salir cualquier emoción que estés suprimiendo, sea tristeza, ira, rabia, etc. También te puedes apoyar de otros cuerpos de energía para llevar a cabo una limpieza emocional.

Bloqueo mental

Ubicada en el cuerpo mental, es también otra de las capas aurales y cualquier bloqueo en este cuerpo afecta tu mente subconsciente. Es bien sabido que nuestra consciencia es la herramienta más importante que tenemos.

No obstante, la mente subconsciente procesa el noventa por ciento de la información que recibimos diariamente, incluso si no siempre puedes notarlo. Debido a su continuo funcionamiento, es común que los bloqueos mentales sucedan en esta capa aural.

Para cerciorarte de que puedes estar teniendo este tipo de bloqueo es necesario monitorear tus pensamientos y observar de qué manera repercute en tus sentimientos, acciones, y reacciones. También debes monitorear el estado de tu salud mental. Si con frecuencia tienes pensamientos negativos, puedes dañar tu sistema de energía. Lo mejor que puedes hacer es ir eliminando poco a poco estos pensamientos, romper el patrón, e ir agregando pensamientos positivos a tu día a día. Una vez que hayas eliminado el bloqueo de tu capa mental, debes repararlo para que se recupere y se mantenga sano.

Bloqueo de los meridianos

Muchas personas usan la metáfora del río fluyendo con intensidad para referirse al sistema de energías de nuestro cuerpo. Siguiendo esta metáfora, los meridianos son riachuelos que llevan energía a los diferentes cuerpos en la capa física. Cada meridiano es único y tiene particularidades y funciones especiales. Cuando sucede un bloqueo de los meridianos, termina afectando estas funciones. Las causas más comunes son las emociones, cuando la energía emocional se acumula y termina atorando el meridiano.

Si te encuentras actualmente en un proceso de limpieza personal, puedes aprovechar para limpiar los meridianos, mientras más profunda sea esta limpieza mejor.

Una manera de mantener saludable tu meridiano es reparar tus fallas.

Bloqueo espiritual

Este tipo de bloqueo puede suceder en distintos lugares y para poder eliminarlo, debes localizar el lugar exacto.

. . .

Nuestro cuerpo espiritual es vulnerable a las energías, es decir, puede absorber energías externas en ocasiones.

Estas energías comúnmente incluyen imprentas, apegos, e implantes, y tiene un impacto grave en el cuerpo espiritual causando una herida aural.

Otros causantes de heridas en el cuerpo espiritual son los bloqueos en los chakras y otras partes del sistema de energía.

Esto quiere decir que un bloqueo espiritual no necesariamente se ubica en el cuerpo espiritual, sino que puede originarse en otros cuerpos, por eso es importante que encuentres la fuente del problema para darle solución.

Bloqueo de relación

Nuestros vínculos afectivos también son fuentes importantes de energías negativas, como estrés, ansiedad, y preocupación. Este tipo de bloqueo es uno de los más difíciles de acceder y liberar debido a que normalmente tienen diferentes ubicaciones dentro de tu campo de energía. Incluso puedes experimentar un desequilibrio en el campo que tendrá una repercusión en los problemas interpersonales. Las ubicaciones más comunes de este tipo de bloqueo son el cuerpo emocional y el mental.

Bloqueo de vida pasada

Si, sabemos que puede sonar un poco irreal, pero es cierto y ocurren en realidades alternas que al final terminan afectando una realidad actual. Este bloqueo se origina debido a acciones que fueron realizadas por tus vidas pasadas.

Este tipo de bloqueo espiritual puede llegar a incluir contratos de alma, conexiones familiares, memorias, y en el peor de los casos maldiciones. Un aspecto importante a trabajar durante tu viaje de autoexploración es eliminar los bloqueos de tus vidas pasadas. Debes ser una de tus principales prioridades, pero recuerda no perder de vista el objetivo, si te obsesiones demasiado con tus vidas pasadas puede que te veas envuelto en un bloqueo mental en su lugar. Sin importar la fuente, lo mejor que puedes hacer es trabajar con los problemas que se presenten en tu realidad actual.

Bien, ahora que conoces los diferentes tipos de bloqueos, donde se ubican, y qué repercusiones tienen en tu sistema de energía, lo siguiente es aprender a cómo deshacerte de ellos. Aunque lo parezca, no es lo más complejo del mundo, es un proceso con una serie de pasos diseñados para lograr el objetivo de limpieza. El primer paso es identificar los momentos adecuados para realizar estas limpiezas. A continuación, tienes una lista de señales a las que te debes prestar atención porque te pueden indicar el comienzo de un bloqueo:

- Pensamientos negativos constantes
- Tendencias autodestructivas
- Ansiedad y estrés
- Sentimiento letárgico y apático
- Falta de energía
- Sentimiento de estar atorado o restringido
- Sentimientos y comportamientos erráticos o inestables
- Indecisión
- Falta de motivación y dirección

Estas son diferentes formas en las que se presentan los bloqueos en el cuerpo gracias a la fluencia de energías negativas y falta de movilidad del flujo de energía.

Cómo liberar un bloqueo emocional

Una de las técnicas más efectivas para liberar cualquier bloqueo emocional es la meditación. Sin embargo, es importante que tengas en cuenta que la meditación no solo es sentarse con la mente en blanco, existe un proceso detrás de ellas que debes realizar para poder limpiar tus cuerpos de energía y eliminar el bloqueo. Veremos más a profundidad este proceso a continuación.

. . .

El proceso de meditación consiste en cinco pasos, pero antes que nada debes encontrar un lugar adecuado para ponerlo en práctica.

La meditación es un acto personal y muy íntimo, es un espacio para conectarte contigo mismo. Elige un lugar donde puedas realizar esta práctica sin interrupciones o molestias. Adopta una posición cómoda pero estable, con la espalda recta y la barbilla hacia arriba. Puedes usar una silla o el piso, como tú prefieras. Relaja tu cuerpo y cierra los ojos. Por al menos un minuto mantente en esa misma posición y concéntrate en tu respiración. Recitar un mantra mientras te encuentras en esta posición te puede ayudar a empezar a liberar los bloqueos emocionales.

Identifica la emoción

El paso número uno es definir el origen de la emoción que está repercutiendo en tu sistema de energía. Con los ojos cerrados, explora las experiencias que hayan podido generar un sentimiento negativo o una reacción adversa.

. . .

Puede ser una discusión que hayas tenido con un pariente o amigo, alguna situación estresante en el trabajo, o puedas estar sintiendo resentimiento por algo que te hizo alguien.

Quédate pensando en el primer incidente que se te venga a la mente, y concéntrate en recordar cada detalle como sea posible, debes ser un espectador en vez del protagonista de la historia. Es mejor tener una perspectiva objetiva de la situación. Esta visualización te ayuda a observar la emoción que se presentó en ti durante el incidente.

Identifica la emoción o sentimiento específico que experimentaste, nómbrase, ¿enojo? ¿Ira? ¿Resentimiento? Se precisó, evita las generalizaciones.

Vuélvete consciente de la experiencia

Una vez que has establecido cercanía con la emoción, es momento de tomar distancia llevando tu atención en tu cuerpo físico, ¿Qué sensaciones estás teniendo? El cuerpo también siente nuestras emociones por medio de náuseas, llanto, calor, frío, pon atención a las sensaciones que tu cuerpo obtiene de ellas. La composición de la emoción consiste en la combinación del sentimiento que identificaste en tu mente y las sensaciones físicas que experimentaste. No es posible verlas por separado porque las emociones son parte del proceso cognitivo y una experiencia física por sí mismas.

Por eso mismo son llamados sentimientos, ya que puedes sentirlos mientras los experimentas. Presta atención a tu cuerpo y lo que sientes cuando recuerdas el incidente, cada parte tendrá una sensación diferente, cambios de temperatura, presión o ligereza, en tu estómago, tu garganta, la cuenca de tus ojos. Cualquier lugar que esté teniendo una respuesta sensorial indica la presencia de la emoción suprimida y causante del bloqueo.

Expresa la emoción

Ahora que has identificado el origen, nombrado la emoción, y entendida las áreas donde se encuentra el bloqueo en tu cuerpo físico. Lo siguiente es expresar la emoción que está generando el conflicto en tu interior, coloca tu mano en la parte del cuerpo donde tienes la sensación más intensa, es el lugar donde se ha generado el bloqueo, mueve tu mando alrededor de los diferentes puntos hasta que los hayas cubierto todos. Con cada toque, toma un momento para decir "aquí siento dolor", hazlo en voz alta y con humildad. Expresar tu incomodidad física significa que una parte de ti está fuera de balance, física, mental y espiritualmente. Tu cuerpo necesita que este balance esté en armonía, pero no es posible restaurarlo por sí mismo.

Acepta tu responsabilidad

Los seres humanos solemos reprimir nuestras emociones al no asumir la responsabilidad de sentir esa emoción, usualmente este acto se da por las connotaciones negativas que se asocian con dicha emoción. Por ejemplo, la tristeza es una emoción generalmente conocida por ser negativa, pero es una simple emoción, y depende de la reacción que tengas ante ella lo que la vuelve positiva o negativa. Necesitas hacerte responsable por los sentimientos que bloqueen tu cuerpo, acepta que la experiencia no puede suceder en ningún otro lado más allá de tu cuerpo físico. Tú controlas la emoción, no ella te controla a ti. Hacer este ejercicio de aceptación significa el reconocimiento de tu propio poder y control sobre los fenómenos emocionales; si no eres capaz de asumir tu responsabilidad, no te será posible eliminar el bloqueo en tu cuerpo.

Deja salir la emoción

. . .

Ahora que has aceptado el rol que juegan en la represión de tus emociones, te sentirás capaz de dejar salir aquella emoción que te está ocasionando un desbalance.

Observa atentamente las partes del cuerpo donde las emociones están siendo suprimidas. Con cada respiración, deposita tu intención para liberar esa emoción. Con cada inhalación repite tu intención para liberarte de ella.

Poco a poco sentirás la tensión reducirse sobre tu cuerpo, y la relajación comienza a adueñarse de esas áreas adoloridas. Si prefieres hacer tus intenciones vocales, igual te puede ser de mucha ayuda, recita mantras o haz sonidos que te ayuden a calmarme y deshacerte de la contracción.

Te habrás librado del bloqueo o los bloqueos cuando hayas completado este proceso, tu campo de energía se sentirá liberado y podrás volver a tener acceso a tus habilidades psíquicas.

Si al final de este libro tomas la decisión de no continuar con tu crecimiento psíquico, aun así no te olvides de esta técnica; puede resultar muy útil para fomentar tu salud emocional y mental, independientemente si deseas o no acceder a tus habilidades extrasensoriales. Incluir este hábito a tu día a día te puede ayudar a prevenir futuros bloqueos.

Otras formas de deshacer bloqueos psíquicos

El ejercicio de meditación no es la única técnica a la que puedes recurrir, te presentamos otras técnicas y ejercicios que te pueden ayudar a dejar salir y liberar estos bloqueos, sin importar el tipo:

- **Limpieza fuentes de energía externas:** en páginas anteriores mencionamos cómo el cuerpo de energía es sensible a energías externas y tiene la costumbre de absorberlas incluso de manera inconsciente, lo mismo sucede con los campos de otros individuos. Las fuentes de energía son abiertas, por lo que otras personas pueden tomar un poco de la tuya, por ende tu campo natural puede reducirse y quedar vulnerable a energías externas, es como si se enfermara a causa de virus y bacterias externas. A veces no solo se trata de absorber tu energía, sino de entrar en tu cuerpo aural y quedarse ahí. Esto puede resultar muy incómodo para ti porque la energía extraña difiere de la tuya propia, y puede causar heridas, fugas, y energía errática en tus capas aurales, e incluso puede llegar a apagar tu sistema de energía. Definitivamente sería el peor escenario en el que te podrías encontrar, debido a que bloqueara tu conexión espiritual también. Mantener limpio tu campo de energía de energías externas es la mejor manera de liberar y prevenir bloqueos psíquicos.

- **Remover los ganchos:** Se denominan ganchos a esos pesos enganchados a tu campo de energía. Estos toman lugar en tu campo de energía cuando tienes luchas de poder con otras personas, invaden tu campo de energía, como las energías externas también pueden generar heridas, fugas, y bloqueos. Aprender a remover los ganchos es una parte importante de tu conocimiento espiritual.

- **Cortar cordones:** Se le nombran cordones porque son sogas que amarran tu energía con energías externas después de compartir demasiado tiempo con personas negativas. Estos lazos disminuyen tus vibraciones hasta su menor frecuencia, lo que perjudica tu conexión espiritual interna y con entes externos también. Cuando unes tu cordón con un campo de energía de una persona negativa lo mejor es deshacer ese vínculo lo más pronto posible. Cuando dos fuentes de energías contrarias se unen, el campo de energía positiva se puede ver afectado.

- **Limpia los chakras:** Técnica mencionada

varias veces, pero sumamente importante que tengas en mente la relevancia del sistema de chakras. Todos los chakras deben mantenerse abiertos y limpios, si el bloqueo emocional afecta a uno, será necesario abrir todos, de otra forma la energía no podrá fluir debidamente y tu campo estará desequilibrado. La limpieza de los chakras es algo que se debe volver un hábito cotidiano para mantener tu vida en balance. Tus órganos vitales también se encuentran vinculados con el sistema de energía por lo que es importante mantenerlos saludables, esto es independiente a tus habilidades psíquicas, es un hábito de vida.

- **Utiliza cristales:** Se suelen usar piedras preciosas por sus propiedades sanadoras y limpiadoras. Pueden ser de gran ayuda en la alineación de los chakras, eliminar bloqueos, y reparar heridas o fugas que se hayan creado en la capa aural u otros lugares del campo de energía. También ayudan a expulsar la energía negativa y mejorar el flujo de energía en tu campo. Coloca los cristales en tus chakras y haz un ejercicio de visualización para limpiar el bloqueo y restaurar el flujo.
- **Sanación con reiki:** El reiki consiste en una técnica de manejo de energía con propiedades curativas para el campo aural. Puede ayudar a la sanación de heridas, reparar fugas, y

restaurar los cuerpos del campo de energía. Para el uso de esta técnica se requiere un maestro sanador de reiki, aunque puede ser realizado por una persona en su propio cuerpo. Es una técnica sencilla que conlleva utilizar la mano como instrumento de sanación, colócala unos centímetros alejada de tu aura y mueve tu mano a lo largo de los puntos más importantes.
- **Consulta espíritu guía:** Y por último, está solicitar ayuda a tu espíritu guía para esos bloqueos psíquicos. Esta estrategia sólo es posible si te has puesto en contacto con él antes. Si no has tenido esta oportunidad, entonces sería bueno que te propongas un horario fijo al día para intentar ponerte en contacto. La meditación es una gran aliada para fortalecer tu conexión espiritual y contactar con tu espíritu guía.

Una vez que te hayas deshecho de todos los bloqueos psíquicos serás capaz de seguir avanzando tranquilamente con los ejercicios y prácticas descrita arriba para mantener tu campo de energía, aura, chakra, meridianos, y otras partes del sistema limpios y andando con fluidez.

La comunicación constante con tu espíritu guía es esencial para no darte por vencido en tu camino de autodescubrimiento psíquico. Puede servirte crear una rutina diaria de meditación, asigna un horario específico para cultivar tu conexión, se disciplinado y genera este hábito para tu bienestar con el fin de mantener tu perseverancia.

Una cosa más, no seas duro contigo mismo. Es importante que te des afirmaciones positivas al realizar cada una de tus actividades. De esta manera evitarás cargar con energía negativa. Recuerda que cuidar tus órganos vitales también es parte del proceso, por lo que cuidar tu alimentación libre de conservadores puede ayudar a restaurar tu energía vital. Los productos naturales que consumimos como las frutas y verduras también cuentan con su propio campo de energía al provenir de la naturaleza. Procura consumir alimentos orgánicos y libres de químicos que pueden intoxicar tu campo de energía. Y por último, te recomiendo pasar tiempo en la naturaleza.

Los seres humanos no somos más que parte de un ecosistema de energía que proviene de la madre tierra. La naturaleza tiene propiedades sanadoras y vibraciones curativas que pueden ser beneficiosas para la afinación de tus canales y campo de energía.

5

Activar el tercer ojo y la conciencia plena

Cada vez que cambien de dirección sin ninguna razón. Cuando tienes una corazonada sobre qué decisión tomar. Cuando sabes quién está detrás de la puerta cuando llaman a ella. Las veces que conoces a alguien nuevo e instintivamente sabes que será muy importante en tu vida. Son pruebas suficientes que demuestran el poder del tercer ojo. Conforme vayas avanzando en tu proceso espiritual, lo podrás notar eventualmente. Si el tercer ojo se entrena lo suficiente, puedes llegar a visualizar cosas que aún no han sucedido. Entre más abierto se encuentre el tercer ojo, más fuerte y acertado se volverá tu instinto.

La clave para una conciencia plena es despertar el tercer ojo. Abrir tu tercer ojo te permite entender lo que se encuentra en tu interior y todo lo que te rodea.

Es importante aclarar que la apertura del tercer ojo no es algo sencillo de conseguir, requiere de trabajo arduo, dedicación y disciplina para poder liberarlo por completo. El tiempo dependerá del esfuerzo que le dediques a tu práctica.

El tercer ojo se ubica en el centro de la frente, un poco más arriba de tus cejas. Resulta ser la fuente de la imaginación, la intuición, y la sabiduría interna. No es un ojo físico, sino que es parte de tu energía espiritual, se conforma de energía y se encuentra conectado con el chakra del tercer ojo, también está conectado con la glándula pineal que es responsable de sus habilidades intuitivas. Por ello, para activarlo es necesario activar la glándula pineal. Esta glándula juega un papel importante en cuestión de la conciencia humana. Resulta ser la base de la misma, y sin la glándula pineal no es posible acceder a tu potencial psíquico pleno. Más adelante profundizaremos en esta conexión, porque primero es importante comprender las repercusiones que tienen en tus habilidades clarividentes.

La glándula pineal se encuentra en el centro de tu cerebro, directamente detrás de los ojos. Tiene la forma de una piña de pino color rojo grisáceo y el tamaño de un frijol.

Por años ha sido una herramienta crucial de los hechiceros y otros místicos, pero actualmente ha adoptado un carácter pasivo y su verdadero propósito se ha perdido con el tiempo. La conciencia es la conexión entre el cuerpo y el espíritu. Por lo tanto, la glándula pineal es la herramienta principal para la cultivación de este vínculo.

El sistema de chakras es el canal de energía dentro de nuestro cuerpo físico, y también tiene el control de las habilidades espirituales. Es un sistema interconectado que distribuye la energía alrededor del cuerpo efectivamente, y la mantiene limpia y en equilibrio, de manera similar en la que nuestro corazón bombea la sangre en nuestro cuerpo y pasa por los diferentes órganos para filtrar, limpiarla, y repetir el ciclo. Si alguna parte del sistema se ve obstaculizada, todo el cuerpo se verá afectado. Incluso puede llegar a provocar enfermedades, ansiedad y depresión. Los chakras contienen el centro de energía de tu cuerpo físico, y tus órganos lo distribuyen en todo el cuerpo. Existe una conexión importante entre los órganos y los chakras, los órganos controlan la posición del chakra, incluso si el punto de energía no está situado justamente sobre el órgano. Por ejemplo, el chakra del corazón se encuentra en el pecho, pero todos sabemos que anatómicamente hablando no se encuentra en el centro del pecho, sino hacia la izquierda.

En el sistema de chakras hindi, se le denomina el chakra Ajna a la glándula pineal, nombre hindú que se le otorga al tercer ojo. De acuerdo a las tradiciones esotéricas, es la conexión entre los humanos y el espíritu, espacio que existe entre un individuo y lo divino, lo que te mueve a través de todas tus experiencias. Un tercer ojo despierto y saludable es la principal fuente de energía etérea, y su rol va más allá de sus propiedades físicas, su influencia y la manera en la que afecta nuestro camino espiritual. Si logras abrir tu tercer ojo, podrás dominar con mayor facilidad todas las habilidades psíquicas, la clarividencia, la telepatía, proyección astral, y los sueños lúcidos.

Sumando todas esas otras habilidades que hemos visto a lo largo de este libro.

La apertura del tercer ojo puede traer grandes beneficios.

Entre los más importantes y útiles beneficios se encuentra el acceso a tu sabiduría interna. Conocerte a ti mismo y dominar tus emociones dependen de la salud de tu tercer ojo. Una vez abierto podrás explorar toda la inteligencia, habilidad y sabiduría que siempre estuvieron dentro de ti.

Es un incentivo para continuar con tu camino espiritual y fomenta la salud de tu ojos psíquico obteniendo muchos beneficios.

La apertura del tercer ojo no solo trae consigo beneficios para la salud emocional, sino que puede ayudar a restaurar la salud física. Si te gustaría tener una buena salud, la apertura del tercer ojo será de gran ayuda. No estamos diciendo que puede sustituir una dieta balanceada rica en alimentos orgánicos y ejercicio constante, recuerda que nuestros cuerpos y lo que consumimos están llenos de energía, y esta energía positiva es necesaria para la apertura del tercer ojo. En lo que puede ayudarte la apertura del tercer ojo, es en vivir una vida sin miedo, preocupaciones, o ansiedades. Si liberas tus habilidades físicas y afinas tu intuición lo suficiente, por ende la cantidad de energías negativas puede reducirse al tomar distancia de personas tóxicas, evitar situaciones conflictivas, y tomar decisiones a la ligera.

Recuerda que la apertura del tercer ojo necesita de mucho esfuerzo y disciplina. Incluir la meditación en tu día a día es crucial; meditar puede ayudarte a cambiar patrones de pensamiento y ataca las energías negativas desde la raíz.

La meditación es una gran herramienta para reprogramar tu proceso cognitivo y tener un patrón de pensamientos que impacte positivamente. Puede mejorar en la organización de tu vida. Los pensamientos positivos atraen cosas positivas. También pueden ayudarte a incrementar tu vibración y así sacar el mejor provecho de tus habilidades físicas y el mundo espiritual. Son recursos que te brindarán ventajas para tu salud mental, espiritual, física y emocional. Incluso te permitirá contactar con entes espirituales que te ayudarán a formar mejores relaciones en todos los ámbitos de tu vida.

Todo ser humano experimenta la curiosidad de saber qué pasará con su vida en el futuro, si será feliz, si encontrará el amor, si podrá lograr sus metas. Otra gran utilidad del tercer ojo viene acompañada de estas curiosidades que tenemos, con su apertura este conocimiento llegará a ti.

En realidad, este conocimiento ya se encuentra dentro de ti, solo tienes que aprender la manera de llegar a él y tener las herramientas necesarias para ello. El tercer ojo es como la llave a esa caja fuerte de conocimiento, lo que te facilitara ver el mundo desde una nueva perspectiva, si te lo propones, todo es posible.

No debes preocuparte si en el primer intento no logras abrirlo, de hecho se necesitarán varios intentos, esto te indica qué tan bloqueado se encuentra. Un tercer ojo bloqueado obstaculiza el acceso a tu intuición, imaginación, y sabiduría infinita, esto te hace sentir perdido y sin rumbo, tu energía no fluye como debería y pueden existir bloqueos en tu campo de energía, la apatía y la infelicidad se apoderan de ti, te vuelves sordo a la voz de tu interior.

. . .

Este bloqueo puede hacer que pierdas tu instinto, la conexión con tu espíritu, y tu percepción de la vida puede verse afectada.

El tercer ojo también se encarga de controlar las funciones neurológicas, así que un bloqueo podría perjudicar tu habilidad motriz. Además, el cuerpo puede no regular los ciclos de sueños correctamente, el balance metabólico, o tener dificultad para luchar contra infecciones. Esto disminuirá tu sistema inmune y te podrías enfermar con más frecuencia e incluso puedes desarrollar trastornos del sueño o presión alta crónica. Algunas señales que indican un tercer ojo bloqueado son:

- Mente cerrada
- Falta de dirección
- Pérdida de la imaginación
- Negación
- Visión reducida
- Poca capacidad retentiva

En otros casos, el tercer ojo no se encuentra saludable, pero no quiere decir que se encuentre bloqueado, por el contrario, podría estar sobreactivado. Esto puede conducir a otras complicaciones emocionales. Las señales de que hay sobre actividad en el tercer ojo pueden ser:

- Obsesión con la visión psíquica
- Alucinaciones

- Paranoia
- Poca habilidad para concentrarse
- Pesadillas
- Periodos disociativos
- Incremento del escepticismo
- Sueños lúcidos

Si llegas a notar un bloqueo es importante que lo elimines lo más pronto posible. Aunque puede ser un proceso largo, entre más pronto lo inicies más pronto lograras un desbloqueo. Si sigues los pasos adecuados serás capaz de desbloquearlo a su máxima capacidad. Los tres aspectos fundamentales para la apertura de tu tercer ojo son: alimento, afirmaciones y técnicas de meditación.

Alimentos para el tercer ojo

No nos referimos a la meditación o pensamientos positivos, sino a alimentos tangibles y nutritivos. Los alimentos que consumes tienen un impacto significativo en la salud de tu tercer ojo, así como en su apertura. Debes incluir ciertos alimentos a tu dieta para incrementar tus habilidades intuitivas y perceptivas. Tu tercer ojos se encuentra directamente afectado por los alimentos que benefician a tu cerebro, especialmente aquellos que tienen una paleta de colores azules. El pigmento de este color representa los sueños, ideas, valores y conexiones del universo. En la siguiente lista encontrarás los alimentos que puedes consumir para estimular la apertura de tu tercer ojo. No creas que encontrarás alimentos exóticos, en realidad son los más comunes y puedes incluirlos en tú dieta fácilmente:

- **Mora azul, zarzamora, y frutos azules:** Son muy ricos en antioxidantes, la coloración indica la presencia de flavonoides, en especial el resveratrol que procura el control de la presión sanguínea y la circulación. Los antioxidantes contribuyen a la relajación de las arterias, la circulación sana y por ende, benefician al sistema circulatorio además de a la glándula pineal.
- **Ciruelas y ciruelas pasa:** Este tipos de frutos contienen otro tipo de antioxidantes llamados fenoles. Ayudan a neutralizar agentes dañinos para las neuronas y moléculas cerebrales. Como mencionamos antes, la glándula pineal se encuentra en el centro del cerebro, así que la salud general de este órgano es importante para que la glándula trabaje óptimamente.
- **Col morada, kale morado, cebollas moradas, y berenjenas:** Contienen un componente llamado polifenol que fomenta la reducción de inflamación en el cuerpo.
- **Pescados, nueces, y linaza:** No solo las frutas y las verduras son importantes, y aunque estos alimentos no presentan

pigmentación morada, si aportan omega 3, una vitamina importante para la nutrición del cerebro que reduce el riesgo de depresión, esquizofrenia, Alzheimer y dislexia.
- **Chocolate amargo:** Se ha comprobado que este alimento beneficia a la capacidad mental. Estimula la producción de serotonina, una de las hormonas responsables de la felicidad en el cerebro y que además aumenta la capacidad de concentración. Usualmente los chocolates amargos comerciales contienen un exceso de azúcar que no contribuye a tu salud, por lo que procura consumir chocolate artesanal o con una cantidad importante de cacao.

En tu tercer ojo se encuentran los centros de energía que regulan las funciones de tu cerebro, ojos, orejas, nariz y tu sistema neurológico. Se necesita un buen funcionamiento del sistema circulatorio para estas áreas vitales y que además ayudan a mantener tu sistema de energía equilibrado. Síntomas como las migrañas, mareos, depresión, vista cansada, insomnio, y alucinaciones pueden ser indicadores de la necesidad de una dieta más balanceada y baja en azúcares refinadas. Recuerda todo esto cuando vuelvas a hacer el súper, procura tener variedades de alimentos púrpuras en tu refrigerador.

Afirmaciones para el tercer ojo

· · ·

Satisfacer nuestras necesidades básicas como seres humanos no parece ser suficiente para asegurar nuestra salud y óptimo funcionamiento. Las afirmaciones positivas y otros tipos de retroalimentación pueden ser maneras efectivas de mantener un tercer ojo abierto y balanceado. Puedes incluirlas en tu rutina diaria y repetirlas todos los días, o a lo largo del día. Así podrás asegurar la salud óptima de tu tercer ojo y libre de bloqueos.

Te recomiendo escribir las afirmaciones en un cuaderno y repetirlas todos los días, o incluso durante tus sesiones de meditación, o donde a ti te quede mejor, lo importante es que se convierta en un hábito para que puedas ver resultados. A continuación, podrás encontrar una lista de afirmaciones comunes que pueden ayudarte a afinar tu instinto y sabiduría interna:

- Soy intuitivo, sabio, y alineado con mi sabiduría interna.
- Estoy conectado con mi sabiduría interna y una consciencia superior.
- Confío en el poder de mi intuición.
- Busco aprender de la gran sabiduría de mí superior.
- Estoy alineado con la sabiduría infinita de lo divino.
- Veo y actúo como lo indica mi propósito divino.
- Estoy abierto a la sabiduría y guía profunda.

- Mi capacidad de tener alegría, felicidad, y curación es imparable.
- Dejo ir mi pasado.
- Le doy la bienvenida a nueva energía, nuevos lugares, nuevas personas, y nuevas experiencias.
- Soy un ser iluminado por la luz de mi mente superior.
- Soy la fuente de amor, alegría, y verdad en mi vida.

Estos son solo sugerencias, pero definitivamente puedes escribir afirmaciones que se adecuen a tu visión de tu ser superior, personalizarlas de manera que te sientas cómodo citandolos y se alineen con las metas personales que tienes para tu vida psíquica y la apertura de tu tercer ojo. Procura seguir con la estructura de las afirmaciones de los ejemplos, así puedes dirigirlas a áreas específicas de tu vida. Por ejemplo, puedes decir "Dejo cualquier resentimiento de mis relaciones pasadas.

Permitir la llegada del amor y alegría al lado de un escogido por mi sabiduría divina". Aunado a tu sesión de meditación del día, recita estas afirmaciones al menos dos veces al día.

Técnicas de meditación para la apertura del tercer ojo

La meditación siempre debe estar de primero en tu lista de recursos, es una gran herramienta para fortalecer tus habilidades e incrementar las. Es efectiva, rápida, y beneficiosa para la apertura del tercer ojo.

Existe una diversidad de técnicas a las que puedes recurrir, unas más complejas que otras, por lo que te enseñaré las más directas y sencillas. Son técnicas utilizadas tanto por expertos como por principiantes, así que no debes preocuparte si nunca has realizado una sesión de meditación antes. Empezaremos por algo simple pero efectivo:

1. Ubícate en un lugar tranquilo. Sin interrupciones, apaga tu teléfono, computadora, o cualquier otro objeto que pueda desviar tu atención. Si estás utilizando una aplicación para guiar o monitorear tu meditación procura tener el dispositivo alejado de ti para evitar la tentación de tomarlo a la mitad de la sesión.
2. Siéntate en una posición cómoda, sea en silla o en el suelo, que sea firme y estable.
3. Respira lentamente al menos diez veces. Inhala y exhala a una velocidad conveniente, no te agites ni te prives de aire.
4. Dirige tu atención al espacio entre tus cejas, donde se encuentra localizado tu tercer ojo. Concéntrate en este punto mientras respiras.

5. En este momento debes empezar a visualizar un centro de energía entre tus cejas, este es el color predominante del tercer ojo, no cambies su color durante el ejercicio.
6. Continúa respirando, con cara de inhalación y exhalación imagina que este centro de energía se expande paulatinamente, crece y se siente más caliente cada vez.
7. Imagina que se purga de todas las energías negativas que tiene dentro.
8. Visualízate absorbiendo la energía que te provee, siente como te llenas de este calor.
9. Una vez que sientas que has logrado absorber toda la energía, abre tus ojos.

La duración de este ejercicio no sobrepasa los 15 minutos, por lo que es una actividad fácil de incorporar a tu vida diaria, pero si tienes tiempo de alargar el ejercicio podrás visualizar puntos de tu cuerpo donde quieras purgar energía, puedes usar como referencia tus chakras, o lugares específicos donde sientas tensión o dolor.

El siguiente ejercicio proviene del yoga, es importante que sigas los pasos al pie de la letra, de lo contrario podrías obtener resultados adversos. La duración es de aproximadamente 30 minutos, si necesitas más tiempo podría durar hasta los 60 minutos:

1. Encuentra un lugar tranquilo para meditar. Este es el primer paso en todas las técnicas.
2. Inhala por tu nariz. Retén la respiración por un momento y luego exhala por la boca.
3. Relaja el rostro mientras continúas respirando. Siente como la relajación toma control de tu cuerpo.
4. Continúa relajándome paulatinamente.
5. De nuevo, concéntrate en la parte media de tu frente. Siente la energía del tercer ojo surgir con más intensidad entre más te concentres en ese punto. Visualiza la luz morada que irradia.
6. Imagina una fuente de luz que suelta rayos morados en todas direcciones.
7. Deja salir la energía, pensamientos, y sentimientos negativos por esa vía, siente como salen a través de los rayos de luz.
8. Continúa con la relajación de tu rostro y cuerpo.
9. Imagina que esta esfera de luz comienza a abrirse. Observa lo que irradia.
10. Vuélvete consciente de las sensaciones que se generan en tu cuerpo a medida que se torna más ligero.
11. Permite que el tercer ojo se abra mientras te relajas y te vuelves más liviano.
12. Pídele a los Divinos que dejen caer luz blanca pura sobre ti, que llene cada parte de tu cuerpo y tus alrededores

13. Toma tu tiempo para sentir esta luz antes de abrir tus ojos.

Sigue estas instrucciones con cuidado y diligentemente.

La técnica tratak o trataka

Es otra técnica de meditación enfocada al tercer ojo. Consiste en concentrar toda tu consciencia en él para entrar a un estado meditativo instantáneo, como los anteriores, procura encontrar un lugar tranquilo y solitario, no te recomendamos hacerlo en el auto o en momentos caóticos a tu alrededor.

1. Asume la posición de loto (piernas cruzadas una sobre la otra, si se te complica puedes sentarte con las piernas cruzadas como normalmente lo harías). Si esta posición es incómoda, puedes sentarte en una silla cómoda.
2. Siéntate con la espalda recta y cierra los ojos.
3. Comienza a respirar lentamente. Hazlo tres veces.
4. Concéntrate en el centro de tu frente.
5. Con tus ojos cerrados, gira los ojos 25 grados hacia arriba, más o menos a la mitad de tu párpado.

6. Cuenta del cien al uno lentamente.
7. No muevas los ojos mientras cuentas, mantén la concentración.
8. Sentirás un cansancio ligero en los ojos, pero no será molesto. Si es doloroso lo más probable es que tus ojos estén demasiado hacia arriba, bajalos ligeramente y vuelve a empezar.
9. A medida que te acerques a los últimos números de tu conteo sentirás algo extraño en el lugar donde se encuentra tu tercer ojo. No es necesario que lo describas o lo entiendas, solo mantén la concentración en ese punto.
10. Eventualmente tendrás la sensación de que puedes ver tus pensamientos, como si pudieras verlos físicamente.
11. Dejarán de moverse después de unos segundos. Podrás verlos con claridad, casi como si estuvieras en un trance o sueño.
12. Mantente en este estado por al menos 10 minutos.
13. Después, continúa respirando para volver a tu estado natural. Relaja los ojos y permite que regresen a su posición inicial, desvía tu atención del lugar donde se encuentra tu tercer ojo.
14. Quédate quieto por un par de minutos. Permite que tus ojos se relajen por completo e inhala y exhala tres veces más.

15. Lentamente abre tus ojos y retoma tus actividades.

Has concluido con un proceso de meditación importante y efectivo con el fin de fortalecer la energía de tu tercer ojo, además también procura la salud de tus ojos físicos, los estimula y protege de daños internos. Realiza este ejercicio de meditación dos veces al día, en la mañana y en la noche, para desarrollar tu intuición.

Nota importante: Recuerda que es un ejercicio sensible, se concentra en un aspecto de tus cuerpos energéticos. Al meditar podrás notar que en ocasiones el centro de tu frente subirá de temperatura, si esto sucede interrumpe la meditación y continúa en otro momento.

Si mantienes la constancia y disciplina comenzarás a ver beneficios y apertura de tu tercer ojo en un corto periodo.

Aunque es posible que estas señales no se presenten como las esperarías, por ende, te daré un listado de características que puedes presentar durante el inicio de la apertura de tu ojo psíquico:

- **Entumecimiento:** Se puede comenzar a sentir como un cosquilleo en la mitad de tu frente, esto sucede cuando el tercer ojo se abre gracias a que tu consciencia se está expandiendo. Puede sentirse como si alguien estuviera tocando ese centro o como un calor que se reparte alrededor de esa área. Es una sensación que aparece de la nada, incluso no necesitarías estar meditando para que se manifieste.

- **Incremento en tu intuición:** Cuando despiertas tu tercer ojo, el incremento de la intuición es uno de los signos más evidentes, lo notarás en todos lados sin estar pendiente de ello. Definitivamente será una mejora en tus habilidades intuitivas. Suelen aparecer en momentos inesperados, pero aun así notaras el cambio una vez que tu ojo se encuentre abierto, no tendrás momentos intuitivos al azar, sino que sentirás como esta te guía a través de tus decisiones, camino, y tu vida en general. Acéptala como es, no te resistas, y permite que te guie con su infinita sabiduría.
- **Sensibilidad a la luz y el color:** No te alarmes, no significa que te harás alérgico al sol de la nada pero definitivamente notarás un cambio. Esta sensibilidad indica que tus instintos se están agudizando para poder lograr la consciencia plena. Al abrir tu tercer ojo te volverás más consciente de tus alrededores.
- **Cambio gradual:** Tú nueva habilidad y herramienta te ayudará a obtener una nueva y

más profunda perspectiva de la vida y el universo. Sin embargo, no todos los indicadores sucederán de manera repentina. Gracias a esta nueva perspectiva comenzarás a realizar algunos cambios en tus relaciones, estilo de vida, e incluso tu personalidad. Son cambios que se irán integrando poco a poco pero serán ventajosos para tu vida, así que acéptalos con alegría cuando lleguen. Incluso tu forma de interactuar con el mundo se verá modificada, tu trato hacia las personas, animales, la naturaleza, etc. cambiará, puede que te vuelvas más paciente y amable.

- **Dolores de cabeza frecuentes:** Cuando el tercer ojo se abre puede ocasionar dolores de cabeza. Esto sucede debido a la sobrecarga de energía en tu cerebro, la que acompaña a la apertura del tercer ojo, puedes usar esta energía para meditar o realizar otras actividades que te interesen. Estos dolores de cabeza también indican que la glándula pineal se está activando paulatinamente.

Conforme tu tercer ojo se va abriendo por los ejercicios de meditación puedes tener algunas experiencias bizarras.

. . .

Este tipo de experiencias pueden llegar a abrumarte y generar energías negativas que pueden ocasionar bloqueos y entorpecer tus habilidades, por lo que te recomendamos tener mucho cuidado. Estos son algunos planes que te pueden ayudar a prevenir:

- **Falta de sueño:** Seguramente te sentirás más cansado de lo normal. Cuando nos dedicamos a la apertura de nuestro tercer ojos puede conllevar a la presencia de sueños y pesadillas lúcidas. Esto puede impactar en tu descanso y mantenerte despierto. Lo que puede conducir a condiciones crónicas como fatiga y cansancio. Puedes llegar a experimentar memorias vividas durante tu día. Para evitarlo puedes meditar todas las noches antes de dormir, te liberarás de energías y sentimientos negativos que puedan afectar tus sueños o generar imágenes abrumadoras. Otra herramienta que te puede ayudar es llevar un diario de sueños para identificar patrones o símbolos que se frecuentan en ellos. Si comprendes el mensaje que tu tercer ojo quiere comunicarte, te aseguro que tus sueños serán menos intensos y recurrentes.
- **Proyección o viaje astral:** Una de las experiencias más interesantes que puedas vivir, incluso le ha llegado a suceder a personas sin ningún entrenamiento psíquico. Una proyección astral sucede cuando tu cuerpo

astral se desprende de tu cuerpo físico para explorar el mundo, no importa el lugar del universo al que quiera ir, incluidos otros planos superiores. Entre más fuerte sea tu tercer ojo, los viajes astrales serán más frecuentes. La primera vez puede ser una experiencia aterradora. Debes saber que los clichés que has visto en películas son completamente fantasiosos, no existe la posibilidad de que no puedas volver a tu cuerpo. En realidad, los viajes astrales no son peligrosos, y son un indicador importante de que has desarrollado un fuerte poder psíquico.

Recuerda que para mantener un tercer ojo sano y abierto debes mantener una vida estructurada y balanceada, no olvides:

- Meditar al menos 10 minutos por las mañanas y las noches.
- Utilizar aceites esenciales para estimular tus puntos de energía.
- Duerme al menos 8 horas al día.
- Come comida nutritiva y que estimulen la apertura del tercer ojo.
- Recita afirmaciones positivas todas las mañanas y noches.

6

Cómo usar tus habilidades para leer la energía a tu alrededor

La energía es el elemento más vital en el mundo. Todo lo que se encuentra en el universo está hecho de energía, es la fuerza que nos guía durante nuestro caminar en la vida. El mismo universo se conforma de ella, pueden manifestarse de diversas maneras. Saber leerla es otra historia, una persona con esta gran ventaja, tiene la habilidad de analizar la energía hasta su centro y ver más allá de las máscaras que han tenido que crear gracias a la sociedad. Podrás ver a las personas por quienes realmente son, no por la máscara que se ponen.

Todo ser humano cuenta con un campo de energía, y es único dependiendo de la persona, es similar a una huella digital de energía, pero se encuentra en constante cambios debido a la influencia de los pensamientos, emociones pasadas y presentes. La habilidad de leer la energía sirve para sentir e interpretar el campo de energía de un individuo. Sería prácticamente como leer los pensamientos y emociones de una persona. Como hemos mencionado con habilidades anteriores, es importante que asumas la responsabilidad de tu don, debe ser una herramienta que te ayude a crear una vida más armoniosa, no para explotar los miedos de las personas que no te agradan o te han hecho algo.

La lectura de energía tiene un largo historial en la humanidad; existen muchas leyendas sobre personas capaces de descubrir los secretos más ocultos de un ser. Comúnmente a las personas con estos dones sobrenaturales se les ha denominado psíquicos. Ahora sabes que no es que sean sobrehumanos, simplemente son personas altamente intuitivas y sensibles al flujo de la energía universal, aquellos que han entrenado por mucho años pueden identificar la más mínima alteración en los campos de energía y sacar sus propias conclusiones sobre la causa.

Otro nombre por el que se conoce a la lectura de energía es lectura de auras, dos términos distintos para la misma actividad, pero en el caso de la lectura psíquica si existe una diferencia.

La diferencia principal es que la lectura de energía se enfoca en los órganos sensoriales y la psíquica involucra conectarse con los planos astrales. Toda persona altamente intuitiva, sea psíquica o no, puede realizar lecturas de energía, pero solo alguien que tenga experiencia conectándose con los espíritus podrá realizar una lectura psíquica. En pocas palabras, la lectura de energía utiliza las auras como fuente de información, mientras que la fuente de información para la lectura psíquica son los seres divinos.

Por ejemplo, cuando sabemos que algo sucederá o no sucederá sin tener certeza de la fuente de conocimiento, se le conoce como corazonada. Es una intuición que te da la habilidad para leer la energía de otras personas, objetos, o animales que te están indicando un resultado posible a una acción o actividad. En realidad, todos somos capaces de leer la energía, muchos de nosotros podemos saber de inmediato si una personas nos agrada o no, si su energía vibra en sintonía con la nuestra aumentan las posibilidades de que exista una conexión instantánea, pero es normal que le atribuimos esto al destino y no a nuestro habilidad innata de leer energías externas. Lo que hace la diferencia entre un lector de energía y una persona con una corazonada, es que el lector se ha entrenado para afinar y utilizar su intuición a voluntad.

Entrenar esta habilidad puede servirnos mucho en la vida. Puede servir para encontrar soluciones a problemas que no parecían tener respuesta. Por ejemplo, si estás escribiendo algo importante, ya sea para el trabajo o un proyecto personal, pero te sientes atorado o sin capacidad de continuar, puedes tener una lectura de energía para averiguar por qué. Todo lo que sucede en nuestras vidas es parte de la energía que fluye en nuestro interior, así que es una buena idea hacer una lectura si comienzas a sentir un bloqueo.

La lectura de energía también puede ser un sistema de apoyo en momentos donde tengas que tomar decisiones importantes en cualquier ámbito de tu vida. Es una herramienta que te ayudará a conocerte a ti mismo a profundidad y las experiencias que has tenido en tu vida. Practicar la habilidad de leer tu campo de energía te puede facilitar encontrar el camino indicado que debes seguir en tu vida. A continuación, encontrarás una lista de ventajas que puedes recibir de prender a leer las auras:

- Recibirás consejo divino.
- Reconocerás las áreas de tu vida que necesitan atención.
- Detectarán y te desharás de bloqueos de energía.
- Fomentarán el crecimiento de tu intuición.
- Podrás sanar traumas pasados.
- Obtendrás conocimiento e información sobre ti mismo.
- Obtendrás una nueva perspectiva de la vida.
- Aprenderás a resolver los problemas con una nueva mentalidad.
- Balancear tus chakras.

Estos son algunos de los muchos beneficios que puedes tener después de entrenar y desarrollar esta habilidad.

Seguramente has podido notar, por todos los conceptos que hemos repasado en los capítulos anteriores, el rol tan importante que tienen las emociones en nuestro sistema de energía, y esto es gracias a que las emociones son la forma más común de expresar tu energía. Es la vibración que reciben y transmiten a otras personas cuando te sientes bien o mal. El flujo de energía no solo manifiesta tus emociones sino que también provoca la recepción de las emociones de otras personas. Tu flujo de energía se puede influenciar de las personas que te rodean, es decir, si te rodeas de gente positiva tendrás un flujo positivo y tu humor mejorará, en cambio, si te rodeas de gente con energía negativa tendrás problemas de estrés, ansiedad, cansancio, e incomodidad.

La energía emocional es sumamente contagiosa, por ello es tan importante. Tu familia, amigos, pareja, todos una línea que los conecta emocionalmente a ti y por ende un intercambio de energía, la principal diferencia entre una relación tóxica y una saludable es la energía emocional.

Antes de invitar a alguien a entrar a tu vida es conveniente que realices una lectura rápida para identificar su fuerza vital. Esta técnica también la puedes aplicar a tus relaciones personales, de negocios, amistades, e incluso decidir con qué familiares seguir manteniendo el contacto. Esta compatibilidad de energía es importante para tener relaciones sanas.

Conforme vamos creciendo y nuestras interacciones sociales van más allá de las familiares, lo que nos puede llevar a cambiar ciertos aspectos de nuestra personalidad, e incluso a ocultar otras con tal de llenar expectativas de otros. Muchas personas han entrenado esta habilidad desde la infancia, por lo que son muy buenos ocultando su verdadera naturaleza al principio de una relación, especialmente aquellas banderas rojas son indetectables. Sin embargo, la energía no la pueden modificar a voluntad, sobre todo si no saben que la estás leyendo. Si notas que sus acciones y palabras no coinciden con su energía, entonces es seguro que algo esconde.

La energía no miente. Estos son algunos ejemplos de energía no congruente con acciones y palabras:

- Alguien te dice que no quiere lastimarte y busca tu bienestar, pero puedes sentir peligro a su alrededor, te hace sentir ansioso y en guardia.
- Tu amigo ríe y se la pasa bien, pero puedes sentir una energía negativa, una tristeza a su alrededor.
- Una persona hace un gesto romántico

enorme, pero no puedes sentir su pasión ni amor, como si fuera una acción mecánica y sin sentimiento.

La energía que las personas emiten revela sus verdaderas intenciones, y su verdadera naturaleza. Por lo que resulta sencillo relacionarlas con sus verdaderas emociones. Incluso hay personas que no son conscientes de estar mintiendo sobre sus sentimientos, aquellos que tienen poca autoconciencia emocional pueden presentar un desfase en sus acciones y energía. Sin importar cuál sea la intención, con tu habilidad de leer energías serás capaz de descifrarlo.

Es importante que aprendas a escuchar a tu cuerpo y los mensajes que te puede estar enviando.

Confía en tu intuición, tu cerebro consciente intentará racionalizar sus acciones y descifrar el significado de su comportamiento, aunque es imperativo que escuches a tu sabiduría interior. Pon atención a las sensaciones que tiene tu cuerpo ¿Te animas? ¿Te desanimas? ¿Te sientes con energía? ¿O sientes que la energía se te va drenando? Tu cuerpo tiene más información de lo que tu mente consciente podría tener, por lo que aprender esta técnica es sumamente importante y descubrirás cómo en las siguientes páginas.

Siente su presencia

. . .

Toma un momento para sentir la energía que emiten las personas. Intenta no distraerte con las acciones que están realizando o las palabras que puedan estar diciendo. Adáptate a su atmósfera para tener una buena interpretación de su persona. El carisma es la fuerza magnética que atrae a una persona, pero debes tener en mente que no siempre se relaciona con el espíritu del individuo. En futuras ocasiones, presta atención a este tipo de personas, porque podrían sorprenderte.

Los asesinos seriales son un ejemplo perfecto de esto.

Usualmente son personas narcisistas y egocentristas, pero los asesinos seriales más conocidos eran personas sumamente carismáticas. Los narcisistas buscan a personas altamente intuitivas y sensibles para consumir su fuerza energética. Por ello, siempre confía en tu intuición y mantente alerta alrededor de personas que son carismáticas sin emitir la energía correspondiente. Cuando sientas la energía aural de una persona presta atención a lo siguiente:

- Si su energía es caliente o fría.
- Si sientes que te llena de energía o la drena.
- La presencia o falta de una calidez amigable que te atrae a ella.

- Si se distrae o está consciente de lo que está haciendo

Observa sus ojos

Los ojos son un sentido poderoso, es uno de los principales receptores de información, y expresa muchas cosas de una persona. Si alguien tiene sentimientos negativos hacia ti, puedes notarlo inmediatamente en su mirada. Si alguien te desea, también se verá reflejado en sus ojos.

Los ojos emiten una energía poderosa y proyectan señales electromagnéticas. Toda esta energía es la razón por la que en ocasiones podemos percibir que alguien nos está mirando, incluso estando solo.

Pon atención a los ojos de las personas ¿Irradia tranquilidad u odio? ¿Parece tener dolor? ¿Está enojada?

Observa todo el rostro también, ¿su expresión coincide con su mirada? Algunas personas pueden verse malhumoradas, pero sus ojos son gentiles.

. . .

Identifica lo que genera en ti un roce, abrazo, y apretón de manos

El contacto físico nos puede indicar mucho sobre los sentimientos e intenciones de una persona. Resultaría ser otra manera de transmitir energía, como cables de alta tensión conectando dos cuerpos. ¿Te sientes incómodo por el contacto? ¿Se siente cálido? ¿Sincero? ¿Es un contacto intenso o ligero? Pon atención a las sensaciones que genera en tu cuerpo, así podrás interpretar las emociones y el estado mental de la persona.

La vibra que recibes del contacto físico también revela emociones. Cuando una persona te sacude transmite energía, calma, o gentileza, así como algunas personas transmiten hostilidad, dependencia, e incluso absorben energía. De este último tipo de personas debes tener cuidado, si te rodeas de ellas por mucho tiempo puede que tu reserva de energía se vea perjudicada. Si tienes dudas sobre la positividad de una energía, lo mejor es evitar el contacto físico.

Presta atención a su tono de voz

El tono de la voz son herramientas del lenguaje que usamos desde el inicio de los tiempos y son parte importante de nuestro proceso de comunicación, por eso debes prestar atención cuando alguien habla, se ríe, o grita. Las vibraciones son creadas por frecuencias de sonido, y puedes escucharlas, y si no, puedes sentirlas. ¿Qué efecto tiene en ti la risa o voz de la persona? ¿Su tono es amigable? ¿Hostil? ¿Frío? ¿Cordial? ¿Monótono? Las palabras son transmitidas por la energía del tono de voz de una persona. La risa también indica seriedad o simpleza, ¿su risa es genuina? ¿Falsa? ¿Ruidosa? ¿Recatada? Presta atención a las sensaciones que te provoca su risa.

Toma en cuenta su vibra

Aunado a los indicadores que mencionamos anteriormente, presta atención a la energía que emiten en general. ¿Qué energía te está transmitiendo esa persona?

¿Qué sientes al estar cerca de esta persona? ¿Se preocupa por ti? ¿La vibra es positiva? ¿Es agradable? ¿O sientes que esconde algo? Si sueles ser receptivo a la energía de las personas, comienza a prestar más atención. Recuerda que las energías no mienten, por lo que debe ser tu principal fuente de información cuando te relaciones con alguien. Entrenar tu habilidad para leer energías es simple, pero debes realizarla de la manera correcta, por lo que compartiré unos cuantos consejos para leer a alguien que recién conoces:

- **Intenta formar una conexión:** Es el inicio de toda relación humana, nuestros instintos primitivos nos reducen a conexiones invisibles que pueden indicar cooperación o beneficio. Por ejemplo, si te pones a la defensiva, la otra persona adoptara esta misma actitud. Siempre debes empezar con un saludo directo, cálido y positivo. De esta manera, puedes remover cualquier sesgo que pudieras tener de la otra persona, debes asegurarte de no tener prejuicios hacia ella, sino que puede repercutir en la objetividad de tu lectura. Al dar este primer paso recuerda siempre permanecer neutral y no permitas que tu cerebro te provea información innecesaria.
- **Ten un objetivo:** Cuando escoges algún libro, no lo hacemos al azar, sino que sabemos lo que queremos encontrar. ¿Qué te gustaría saber sobre la persona frente a ti? Ten en mente que el campo de energía nos brinda la información sobre diferentes aspectos de nuestras vidas, si ya tienes en mente lo que estás buscando podrás filtrar información y quedarte con lo que realmente necesitas. Enfócate únicamente en lo que consideres relevante para tu relación actual o futura con esta persona.
- **Escucha con atención:** La escucha activa y la atención plena son clave para leer a una persona, así que procura no distraerte. Cada

pensamiento, sentimiento, imagen, dato que llegue a ti debe ser tomado en cuenta. Asegúrate de no juzgar de inmediato hasta tener toda la información posible. La desconfianza suele ser una de las barreras más grandes al momento de usar la intuición. Todo el tiempo estás recibiendo información intuitiva, pero en muchas ocasiones te encuentras ignorando esa voz interior, quizá crees que es imaginaria, ilógica, o innecesaria, pero ahora que sabes los beneficios que tiene escuchar esa voz, puedes empezar a hacer cambios sobre su uso. Ten confianza en la información que te otorga porque tiene un propósito, y la mayoría de las veces su objetivo es protegerte.

- **Observa cuidadosamente:** Recuerda que tu cuerpo está comunicándose contigo todo el tiempo. ¿Cómo te sientes con la información que estás recibiendo? Los seres humanos somos complejos y estamos en constante cambio, pero existen algunos límites que deben mantenerse firmes para evitar energías, sentimientos, y pensamientos intrusivos. Si entrenas una conciencia efectiva, serás capaz de saber mucho sobre una persona al observar las reacciones y sensaciones que tiene tu cuerpo mientras estas a su alrededor. Observa detalladamente los aspectos que cubrimos en esta sección y su energía en general.

En esta guía express que te proporcionamos podrás comenzar tu entrenamiento como lector de energías.

Sin embargo, se necesita un poco más de entrenamiento para identificar de inmediato la energía que estás absorbiendo de la persona y discernirla de tu propia energía.

Con la práctica podrás notar mejoras en tu intuición. Las lecturas psíquicas no son necesarias para leer a las personas que te rodean, solo necesitas de tu intuición.

Como hemos mencionado repetidas veces, la principal fuente de intuición es tu tercer ojo, así que dedica tiempo y las técnicas tanto para abrirlo como para mantenerlo sano con el fin de tener lecturas más acertadas.

7

Los 7 chakras

En capítulos anteriores mencionamos uno de los sistemas de energía fundamentales del cuerpo físico: los chakras. En las siguientes páginas profundizaremos mucho más en este sistema. Podrás obtener una visión más clara y detallada sobre su composición y la función que tiene cada uno de los puntos de energía, asimismo te explicaremos cómo impactan en tus habilidades psíquicas.

Nuestros puntos de energía se encuentran distribuidos en todo nuestro cuerpo, pero los más conocidos son los siete principales.

La traducción literal de la palabra "chakra" es "rueda", son puntos de energía que le permiten fluir a lo largo de tu cuerpo y mantenerlo saludable; para ello, es necesario desbloquearlos, mantenerlos sanos y balanceados. Al visualizar los chakras, imagina un sistema de ruedas conectadas en un motor, y estas pueden girar a tu energía vital.

Todos poseemos un cuerpo que funciona como contenedor para nuestra alma, estos son los dos conceptos más básicos de la vida humana. Sin embargo, existen otros cuerpos además de estos dos. Primero tenemos al cuerpo de energía, también llamado aura. Pero más adelante profundizaremos en este tema, pero por ahora continuemos con el campo de la energía.

Los siete chakras también son conocidos como centros de energía debido a que son considerados puntos de energía situados a lo largo de todo tu sistema. Procesan la energía y le permiten fluir con libertad a otros puntos menores de energía del cuerpo. Cada punto tiene un área específica de cobertura. Los chakras son sensibles a todo lo relacionado con sentimientos, emociones y traumas pasados. Se manifiestan en el cuerpo físico en forma de enfermedades físicas o simples problemas normales, y por ello bajan la guardia.

Cuando una persona es apática a la salud de sus pensamientos y emociones es porque piensan que no tiene relación alguna con su salud física, pero no podrían estar más equivocados.

. . .

Por ejemplo, imaginemos la situación de una persona que siempre ha tenido problemas estomacales. Aunado a eso, vive en un ambiente familiar conflictivo, sus padres tienen poca consideración por sus verdaderas metas en la vida y le presionan para seguir sus pasos. Únicamente se dedica a seguir órdenes y respetar a la autoridad. Por lo mismo, se ha acostumbrado a reprimir sus sentimientos y opiniones porque expresarlos puede traerle problemas en su ámbito familiar. ¿Recuerdas el estómago sensible? Pareciera que son dos eventos aislados ¿no crees? Sin embargo, tomando en cuenta el sistema de energía puede que veas estos hechos desde otra perspectiva.

Debido a la naturaleza controladora de los padres, la persona ha cultivado una relación tóxica o de repulsión hacia el concepto de poder. Por ende, el chakra plexo puede verse afectado. La falta de libertad y el arrebato del libre albedrío generan emociones que pueden ocasionar un bloqueo de energía. Este bloqueo también impactará en el cuerpo físico, y en el cuerpo de energía.

Los chakras resultan ser el conector entre todos tus cuerpos, por lo que mantenerlos sanos es necesario para el bienestar general de tu vida.

Chakra raíz

. . .

El primer chakra en nuestro sistema de energía es el chakra raíz y se encuentra ubicado en la base de nuestra espina dorsal. Lleva la delantera en tu sistema de energía.

Es una representación de tu instinto primario básico: la supervivencia. Este chakra está vinculado con tu seguridad, estabilidad, e integridad física. No por nada es el chakra más cercano a la tierra, es el que te acerca a la estabilidad. Tu chakra raíz indica estar sano cuando ciertos aspectos de tu vida como una familia feliz, un trabajo estable y una carrera en crecimiento están en total armonía.

Si el chakra raíz se encuentra en balance te sientes seguro, protegido, centrado, y feliz. En caso de que todo esto comience a tambalearse, entonces es un indicador claro de un bloqueo. Algunos síntomas incluyen miedo, ansiedad, incertidumbre, inestabilidad financiera, y desapego. También podemos ver un aspecto contrario, el de un chakra acelerado. Los síntomas en este caso serían agresividad, materialismo, avaricia, cinismo, y sed de poder. A continuación, te presentamos los síntomas físicos que puedes presentar en caso de un bloqueo de este chakra:

- Constipación
- Desórdenes alimenticios
- Problemas en la espalda baja
- Dolor en la ciática

- Color en las piernas

El color que representa a este chakra es el rojo, y se encuentra conectado con la glándula adrenal. Por ello, te recomendamos los cristales color rojo para trabajar la sanación del chakra.

Chakra sacro

En segundo lugar tenemos al chakra sacro ubicado justo debajo del ombligo y a la altura de tus órganos reproductivos. Ya te imaginaras que aspectos de tu vida controla este chakra, y sí, tenemos el poder creativo, conexión con otras personas, y tus deseos sexuales. Una vida creativa y alegre señala un chakra balanceado.

Deseas aventuras y haces descubrimientos de la vida que te rodea; te sientes cómodo con tu sexualidad, y tienes una vida sexual saludable. Eres una persona naturalmente íntima y te das el tiempo de satisfacer tus deseos.

Sabemos que nuestro chakra sacro se encuentra saludable cuando manifestamos una gran pasión, apertura de mente, creatividad, optimismo, y un deseo sexual saludable. En caso de no estar funcionando óptimamente, las manifestaciones físicas pueden ser:

- Poco deseo sexual
- Falta de creatividad
- Falta de intimidad en nuevas relaciones o relaciones existentes
- Relaciones disfuncionales
- Sentimientos de desolación
- Desórdenes de identidad sexual

Por otro lado, cuando se encuentra más activo o acelerado de lo adecuado, los síntomas físicos pueden incluir:

- Adicción al sexo
- Tendencias manipuladoras
- Hedonismo
- Exceso de emociones

Si se encuentra bloqueado o insano:

- Infertilidad o impotencia
- Disfunción sexual
- Dolor en la cadera
- Menstruación irregular
- Problemas urinarios

El color que representa este chakra es el naranja y se conecta con las gónadas. Por lo mismo, los cristales color naranja ayudan a su balance, tales como el zafiro naranja, la cornalina, y el topacio imperial.

. . .

Chakra plexo solar

Es el chakra del inicio de este capítulo, y como te habrás imaginado se encuentra sobre el ombligo, en la parte media de tu área estomacal. El rol de este chakra en nuestras vidas se relaciona con la intuición, es el que genera la sensación en el estómago que nos indica una corazonada.

Si te sientes en control de tu vida y seguro de las decisiones que tomas, entonces tu plexo seguramente se encuentra sano y balanceado. De lo contrario, entonces podría ser señal de bloqueo o deficiencia.

En personas sometidas a un sistema familiar o social donde no se permite cuestionar a la autoridad se suele presentar problemas con su plexo solar.

Si te sientes pleno con las decisiones de tu vida, tu chakra se encuentra sano y en balance. De igual manera te vuelves consciente de ti mismo y tu sentido personal. Si el chakra se encuentra letárgico o enfermo puedes sentirme de la siguiente manera:

- La sensación de estar perdido en la vida
- Baja autoestima
- Complejo de inferioridad
- Sensibilidad a la crítica incluso cuando es constructiva

- El sentimiento de impotencia

Por otro lado, si se encuentra más activo de lo normal puedes experimentar lo siguiente:

- Actitud dominante
- Egoísmo
- Sed de poder
- Perfeccionismo
- Tornarte prejuicioso

Un bloqueo total o problemas en este chakra se pueden manifestar en tu cuerpo físico de la siguiente manera:

- Hipertensión
- Hipoglucemia
- Estómago sensible
- Problemas de digestión
- Diabetes
- Fatiga crónica

El color que representa al plexo solar es el amarillo, y se encuentra conectado con el páncreas. Los cristales que pueden ser de ayuda para su sanación incluyen: zafiro amarillo, ámbar, citrino.

Chakra del corazón

. . .

Este chakra se encuentra situado en el centro de tu pecho, justo a la derecha de tu órgano vascular. El chakra del corazón es el responsable de generar sensaciones en el pecho cuando experimentamos una emoción fuerte, como la calidez que parece emitir nuestro corazón cuando vemos o pensamos en alguien que amamos.

Es de los chakras más fáciles de comprender, controla nuestra capacidad de emitir y recibir amor, contribuye a nuestras relaciones y procura la compasión y solidaridad con otros seres humanos. Si tienes un historial de relaciones problemáticas, o temes enamorarte, puedes tener un desbalance en tu chakra.

Un corazón sano se refleja en la forma en la que te relacionas con las personas:

- Tus amistades son pacíficas y balanceadas
- Amas y te sientes amado
- Eres tolerante
- Sientes compasión por otras personas y criaturas
- Te sientes conectado con todas las energías del universo

Por otro lado, un chakra letárgico o bloqueado puede

provocar amargura y odio dentro de una persona, así como la falta de tolerancia, empatía, pérdida de la conexión con la vida, problemas de confianza, entre otros síntomas negativos. En caso de encontrarse súper activo, puedes manifestar lo siguiente:

- Celos
- Codependencia
- Necesidad o apego excesivo
- Exceso de auto sacrificio
- Dar de más

Los problemas físicos que nos puedes ocasionar el desbalance o bloqueo de este chakra incluye:

- Problemas de espalda alta
- Enfermedades del corazón
- Problemas circulatorios
- Presión alta
- Problemas pulmonares

El color verde es el relacionado con este chakra, y se vincula con la glándula timo. Los cristales que te pueden ser útiles para sanar o desbloquear este chakra son el jade, la esmeralda, el cuarzo rosa, entre otras tonalidades de verde.

Chakra de la garganta

. . .

La ubicación es un tanto obvia. El chakra de la garganta se relaciona con la comunicación y el habla, y cómo usamos esta para expresarnos de manera específica.

Controla nuestras habilidades de comunicación y nuestra capacidad para expresarse efectivamente. Si con frecuencia sientes una dificultad para poner en palabras lo que estás pensando o sintiendo puede indicar la presencia de un problema en este chakra. Si se encuentra saludable, puedes hablar con toda sinceridad sin problema alguno. Sabes que el chakra de tu garganta se encuentra saludable cuando:

- Comunicación clara
- Habilidad para expresarte sin miedo o inhibición
- Creatividad
- Confianza para dar un discurso
- Diplomacia
- Habilidad para dar consejos útiles y valiosos

De lo contrario, cuando no está a su óptimo rendimiento se pueden observar estos síntomas:

- Incapacidad para decir lo que piensas
- Incapacidad para expresarse efectivamente
- Ser incomprendido o malentendido
- Guardas secretos
- Introversión

- Problemas para escuchar o comprender

En caso de encontrarse con súper actividad, puede que manifiestes los siguientes síntomas:

- Críticas a otras personas
- Generación de opiniones inflexibles
- Propensión a los cotilleos
- Gritar para comunicarse e interrumpir a otros

En el cuerpo físico estos problemas se manifiestan de la siguiente manera:

- Sistema inmune debilitado
- Susceptibilidad al resfriado común y otras enfermedades estacionarias
- Tos crónica
- Dolor de garganta
- Problemas del oído

El color representante de este chakra es el azul y se conecta con la glándula de la tiroides. Los cristales de tonalidad azul pueden ayudar a sanarlo y balancearse.

El chakra del tercer ojo

. . .

Hemos dedicado un capítulo entero a este tema y al tercer ojo.

Lo más importante que debes tener en cuenta es que es el chakra más conocido y se encuentra directamente ligado con la intuición y las habilidades psíquicas. La fuente intuitiva más grande del ser humano, es el ojo de nuestra mente. Cuando se encuentra en balance, experimentas:

- Imaginación activa
- Intuición aguda
- Pensamientos claros y acertados
- Un sentido de dirección y visión
- Percepción extrasensorial

Un tercer ojo en condiciones no óptimas puede conllevar:

- Falta de concentración
- Creatividad e imaginación vagas
- Falta de memoria
- Pérdida de sentido común
- Pérdida de dirección
- Falta de habilidades y percepciones extrasensoriales

Un tercer ojo con demasiada actividad puede llevarte a desarrollar síntomas como:

- Alucinaciones

- Pensamientos erróneos
- Pesadillas y sueños en vivo
- Pensamientos obsesivos
- Percepciones extrasensoriales hiperactivas y sin control

Físicamente, estos problemas se manifiestan de la siguiente manera:

- Falta o pérdida de visión
- Cansancio ocular
- Dolores de cabeza
- Falta de sueño
- Problemas de memoria
- Falta de concentración

El color morado o el índigo, como mencionamos anteriormente, representa al tercer ojo y se conecta directamente con la glándula pineal. Todo cristal con tonalidad morada es útil para limpiar y balancear este chakra.

Chakra corona

Se denomina chakra corona debido a su ubicación en la cima de la cabeza.

. . .

Se encuentra vinculado directamente con tu consciencia superior, es el centro espiritual de tu cuerpo. Representa la conexión con tu consciencia superior, es el centro espiritual de tu cuerpo. Si el chakra más bajo está localizado en la espina dorsal y relacionado con la tierra, el chakra más alto está relacionado con lo divino. Es el canal de entrada de toda tu energía; al meditar, este chakra es la salida por la cual accedes al universo. Cuando se encuentra saludable, los síntomas incluyen:

- Confianza en el cosmos
- Conexión con lo divino
- Un sentimiento de amor universal
- La habilidad para entender la información más sencillamente
- Alta inteligencia y consciencia de tu ser

Un chakra corona bloqueado o de bajo rendimiento puede generar:

- Aislamiento y depresión
- Problemas de aprendizaje
- Juicio nublado
- Desconexión del mundo espiritual
- Pérdida de la fe

En caso se estar súper activo, puedes experimentar lo siguiente:

- Obsesión o adicción con el área espiritual

- Actitudes prejuiciosas
- Dogmatismo
- Sentimientos de superioridad

Estos problemas se pueden manifestar físicamente de la siguiente manera:

- Problemas neurológicos
- Dolor nervioso
- Migrañas
- Problemas cognitivos

El blanco es el color representativo de este chakra y está vinculado directamente a la glándula pituitaria. Las gemas transparentes como la amatista, el diamante, o el cuarzo claro pueden ser efectivas para su limpieza y balance.

El impacto de balancear tus chakras en tu desarrollo psíquico

Ahora tienes una imagen más detallada de la manera en que los chakras influyen en tu energía, intuición y salud en general, los cuales son aspectos clave para el desarrollo de tus habilidades psíquicas.

Si tu sistema de energía no se encuentra balanceado, es posible que no puedas recibir consejos divinos de tus guías espirituales. Abrir tus chakras es una tarea obligatoria si quieres desarrollar tus habilidades de clarividencia.

Cada uno de nuestros sentidos se encuentra vinculado con un chakra, y estos conforman nuestro sistema de energía. Son tu conexión con el mundo espiritual y el universo. Luego entonces, el tercer ojo no es tu única conexión con lo divino y tus sentidos psíquicos. Cada uno de los chakras se encuentra conectado con ciertos sentidos psíquicos relevantes. Repasemos los cuatro principales sentidos psíquicos:

- **La clarividencia:** Ligada al chakra del tercer ojo.
- **La clariaudiencia:** Está ligada al chakra de la garganta.
- **La clarisentencia:** Ligada al chakra plexo solar.
- **La clariconciencia:** Ligada al chakra corona.

Si nuestros chakras están abiertos, libres, y balanceados, los portales a estos sentidos psíquicos también son liberados.

El único camino a liberar los portales psíquicos es el desbloqueo de los chakras, y cuando los mantienes limpios y sanos con la meditación y otros rituales de sanación también estás mejorando tus sentidos psíquicos.

. . .

Para ser capaz de recibir mensajes psíquicos, necesitas un sistema de energía balanceado, y los chakras son la clave. Existe un pilar central de energía que recorre tu espina dorsal y te conecta con el universo usando la corona de tu cabeza como puerta de salida. Ten en mente que la función de los demás charas es a modo de estaciones reguladoras que controlan el flujo en tu cuerpo, por lo mismo deben mantenerse limpios y sin bloqueos para que el flujo sea constante y moderado.

Retomemos el ejemplo del parabrisas que usamos en los primeros capítulos. Si el parabrisas se encuentra sucio seguramente podrás ver el camino no te será posible. La limpieza necesita herramientas, y una vez que lo hayas limpiado podrás ver claramente el camino. Lo mismo ocurre cuando tu sistema de energía está lleno de bloqueos y obstáculos, el flujo de los mensajes psíquicos también se verá obstaculizado e incluso inaccesible, por lo que es importante que mantengas las estaciones limpias y brillantes para permitir el desarrollo de tus habilidades físicas.

Una rutina de limpieza para tus chakras es necesaria, si lo descuidas con el tiempo volverán a bloquearse, así que un mantenimiento cotidiano es importante.

Por otro lado, el balance de los chakras es importante para que el desarrollo psíquico te beneficie para mantener una vibración alta. Todas las fuerzas vitales se encuentran conectadas las unas a las otras, incluso si hay una variación en las frecuencias dependiendo de la realidad en la que se manifiesten. Si eres una persona positiva, tienes una banda ancha de mayor vibración que una persona negativa. En este aspecto tiene un rol importante tus pensamientos, puesto que los chakras se bloquean gracias a los pensamientos, energías, y emociones negativas. Los traumas y residuos dolorosos de experiencias pasadas pueden generar bloqueos en tu sistema de energía. Una frecuencia menor se manifiesta cuando mantenemos un patrón de pensamientos negativos, y podríamos perder el contacto con nuestros mensajeros psíquicos. Tu ser superior, ángeles, y espíritus guía existe en una frecuencia mucho más alta, así que, si quieres contactarlos y recibir sus mensajes, deberás mantener tu banda alta para tener acceso a los planos superiores. Si mantienes una rutina de limpieza para tu sistema de pensamientos, emociones y bloqueos usando los chakras, permites a la energía positiva fluir dentro de ti y elevar tu banda de vibración.

Limpiar y balancear los chakras

Así como con las habilidades y el desarrollo de la intuición, existe una diversidad de formas de limpiar y balancear los chakras, incluso hemos mencionado algunos vagamente a lo largo de este libro, como las técnicas de meditación, algunos ejercicios, rutinas, entre otras prácticas que puedes incorporar a tu día a día. Lo que decidas hacer para esa limpieza puede ser lo que más se adecue a tu estilo de vida, o sientas que te pueden brindar mejores resultados. Cada chakra es único y responde de distinta manera a las técnicas, así que toma tu tiempo para explorarlas.

Balancear el chakra raíz

No necesitas un cambio abrupto y exagerado para mantener la base de tu energía limpia y abierta, con pequeños cambios constantes podrás notar un cambio significativo. Primero, dormir ocho horas diarias. El descanso es parte fundamental de mantener un chakra limpio.

De igual manera, el ejercicio físico en tu rutina diaria debe incluirse, no necesariamente tendrás que inscribirte a un gimnasio, pueden ser actividades como la jardinería, una caminata en un lugar tranquilo, son actividades que te conectan a la tierra y son ideales para balancear tu chakra.

El color rojo es representante de este chakra, por lo que deberás incorporar comida de este color en tu dieta. Por ejemplo, tomates y granadas. Los cristales también pueden jugar un papel importante, como los rubíes, estos ayudan a estimular tu chakra e incrementar su vibración.

Aunado a esos hábitos, igual puedes incorporar lo siguiente:

- Colócate en la posición de la mariposa. Toma tus tobillos con las manos.
- Luego alza tus caderas y balancéate de adelante hacia atrás.
- Observa los cambios en tu cuerpo. Si se siente caliente o se abren tus caderas.
- Repite este ejercicio de 10 a 100 veces.
- No olvides estar en un lugar cómodo cuando realices este ejercicio.

Balancear el chakra sacro

El elemento ligado al chakra sacro es el agua, por lo que pasear cerca de un cuerpo de agua puede ayudar a balancear su energía. De las actividades más simples que puedes incorporar es nadar en fuentes naturales de agua, caminar bajo la lluvia, u observar tormentas. El color naranja también ayuda, así que incluye alimentos a tu dieta como mandarinas, zanahorias, entre otras. El ámbar y la piedra de oro son gemas que puedes mantener cerca de ti para mantener su energía libre. Para este chakra, puedes utilizar el siguiente ejercicio:

- Recuéstate sobre tu estómago. Coloca tus brazos a tus lados y tus palmas sobre el piso. Apunta los dedos de tus pies hacia afuera.
- Inhala, y levanta tu pierna derecha sin doblar tu rodilla.
- Exhala mientras bajas tu pierna de regreso al piso. Hazlo con cuidado y lentitud.
- Repite el movimiento con tu pierna izquierda.
- Luego, realiza este movimiento con ambas piernas al mismo tiempo.
- Repite esto hasta que sientas calidez alrededor de tu chakra sacro.

Balancear el chakra plexo solar

Los acertijos son buenos para estimular tu chakra plexo solar, también puedes hacer rompecabezas, leer libros sobre arte o tomar clases creativas, todas las actividades que involucren el uso de tu energía y puedas generar energía positiva estimularan este chakra. Igual te recomiendo tomar baños de sol y mejorar tu digestión, puedes empezar con un programa de desintoxicación. Recuerda que cualquier cambio drástico en tu dieta debe ser consultado con un profesional de la salud, o puedes consultar con un nutriólogo que te sugiera un programa que se adecue a tus necesidades. Las comidas amarillas como la manzanilla y la calabaza igual pueden ayudar.

. . .

Las piedras amarillas como el ágata amarilla y el citrino ayudan al balance del chakra. Utiliza aceites esenciales amarillos como el romero para deshacerte de bloqueos. De igual manera puedes incorporar la siguiente rutina:

- Asume la posición del medio loto, con tu pierna derecha sobre la izquierda.
- Pon tu palma derecha sobre tu pie derecho.
- Inhala y levanta tu mano izquierda hacia el cielo. Concéntrate en la parte de atrás de tu mano.
- Exhala y lentamente baja tu mano de nuevo hacia la parte de arriba de tu pie.
- Repite este movimiento con tu otra mano.
- Alterna entre ambas manos por 10 minutos hasta que sientas una calidez en tu plexo solar.

Balancear el chakra del corazón

Lo mejor para balancear el chakra del corazón es alimentarte de energía pura y positiva. Las actividades que te recomendamos es pasear por la naturaleza, pasar tiempo con seres amados, o hacer actividades de voluntariado.

Dales la bienvenida a los sentimientos de compasión y empatía, estos estimularan al chakra y los llenaran de energía. Incorpora alimentos color amarillo que pueden ayudar a su balance. Los cristales como el ámbar y el topacio ayudarán a ello. También puedes intentar el siguiente ejercicio:

- Siéntate en la posición de loto.
- Forma un puño con tus manos y colócalas al frente de tu pecho.
- Inhala profundamente. Mientras lo haces, presiona tus manos hacia tu pecho y expandirlo tanto como puedas. Asegúrate de mantener tu espalda recta. Mantente en esta posición por 10 segundos.
- Cuando exhales, concéntrate, en el centro de tu cuerpo. Encorvarse un poco y baja la barbilla.
- Repite este ejercicio 10 veces por 10 segundos cada uno.
- Debes sentir una sensación fría a lo largo de tu pecho a medida que tu chakra se abre.

Balancear el chakra de la garganta

Este chakra representa el centro de la expresión propia, por lo que actividades como recitar poesía, cantar, y tener conversaciones estimulantes es beneficiosa para este chakra. Toda actividad que te permita expresar tus pensamientos o sentimientos con libertad es perfecta para este chakra. Cuando medites procura tener cerca gemas de color azul, y puedes poner en práctica el siguiente ejercicio para mantenerlo abiertos y balanceado.

- Arrodíllate en el piso con tus pies bajo de ti. Reposa tus caderas sobre tus pies. Si te sientes más cómodo en un tapete puedes utilizarlo.
- Coloca tus manos en la parte baja trasera de tu espalda a la altura de tus riñones.
- Inhala y exhala profunda y lentamente.
- Cuando inhales, inclina tu cuerpo hacia atrás lo más posible y levanta la barbilla.
- Cuando exhales, inclina la barbilla hacia tu pecho encorvando tu cuerpo.
- Repite esto 10 veces hasta que sientas tu chakra abierto y balanceado.

Balancear el chakra del tercer ojo

La meditación definitivamente es la mejor herramienta para mantener el balance de este chakra, aunado a una rutina diaria es la combinación perfecta para liberar todo su potencial. No importa el tipo de meditación que decidas llevar a la práctica, es preferible que lo hagas bajo la luz del sol o los rayos lunares. Recuerda que mantener una rutina apropiada de sueño ayuda a mantener una mente clara y fomentar la memoria. Considera incluir alimentos morados como la berenjena para beneficio del chakra. Te comparto este ejercicio de meditación que puede ser útil para desbloquear o mantener sano tu tercer ojo:

- Abre tus piernas de lado a lado e inclinarlas a 15 grados.
- Con tus manos forma un triángulo tocando tus pulgares y tus dedos índices. Sostenlo contra tu frente justo en el medio.
- Respira normalmente.
- Ahora, visualiza la energía del sol. Piensa en cómo recae sobre el triángulo que has formado.
- Mueve tus ojos 15 centímetros hacia arriba.
- Mantente en esta posición por 5 minutos y siente como la energía del sol refresca tu glándula pineal y tu tercer ojo.

Balancear el chakra corona

Una buena manera de mantener en balance este chakra es llevar un diario de sueños, incluso puede añadir un análisis de tus sueños e intenciones dentro de un área espiritual. La meditación también es una herramienta útil para este chakra, debido a que es la conexión entre tu cuerpo físico y tu cuerpo espiritual. Procura el hábito de visualizar luz blanca llenándote de energía a través de tu cabeza. Incluye alimentos color blanco como el arroz.

En tu meditación ten cerca piedras como la amatista, cuarzo transparente, y otras gemas similares. Te recomiendo el siguiente ejercicio para balancear este chakra:

- Siéntate en un lugar cómodo en la posición de medio loto. Tu espalda debe permanecer recta.
- Lentamente levanta ambas manos y colócalas a los lados de tu frente y alejadas una de otra.
- Concéntrate en la sensación que recibes en el espacio entre ellas.
- Lentamente comienza a unir tus manos y alejarlas de nuevo. Como si estuvieras tocando un acordeón.
- Repite este movimiento visualizando flores que brotan con cada movimiento que hagas.
- Siente la energía que fluye por tus chakras.
- Respira lentamente y lleva tu mano de tu cabeza hacia tu abdomen. Como si escucharas tu cuerpo.
- Continúa la meditación por unos minutos con los ojos cerrados.

Perfecto, ahora sabes cómo se conforma tu sistema de energía, los nombres de los chakras, hábitos beneficiosos para mantenerlos sanos, y la importancia de mantenerlo en balance. Ahora cuentas con las herramientas para limpiarlos y desbloquearlo a voluntad.

Un sistema saludable te ayudará a mantener tu nivel de energía y conectarte contigo mismo para continuar tu camino hacia el despertar psíquico.

8

Lectura de auras

Anteriormente mencionamos el campo electromagnético que nos rodea a todos los seres humanos, mejor conocido como aura. Se define como una emisión de luz un tanto borrosa que se extiende por unos centímetros alrededor de tu cuerpo. Todo a tu alrededor tiene un aura, incluso los objetos inmóviles como rocas, libros, y otras cosas inertes. Si existe energía fluyendo a través de ello, entonces tendrá un aura.

De igual manera, mencionamos cómo el aura es impactada por nuestras emociones y su rol en el sistema de energía, pero ahora conoceremos más sobre su composición. El aura se compone de siete capas que se ordenan una sobre la otra, poseen información sobre el cuerpo físico y es nutrida por los siete chakras.

Estos forman parte del sistema de energía aural, y cada capa está vinculada con un punto de energía. Cada cuerpo aural está relacionado con tus condiciones espirituales, emocionales, mentales, y físicas. Las vibraciones de tus pensamientos, sentimientos, salud, consciencia, y experiencias pasadas se encuentran resguardadas en estas capas dependiendo de su categoría.

Aunque su expansión depende de la salud de cada persona, la capa externa se extiende hacia afuera de tu cuerpo por unos 7 pies. A pesar de que las auras sean invisibles, pueden ser sentidas cuando interactúan entre ellas. Es lo que conocemos como el "espacio personal". Es importante que sepas cómo sentir la energía que emana de otros cuerpos, es la base de la lectura de energía, y la necesitarás para poder interpretar los colores aurales.

Capa etérica

Esta es la primera capa del sistema, la base es el cuerpo físico. La capa etérica es la que observas cuando estás tratando de acceder a la energía curativa de alguien. Se ubica a unas 2 pulgadas del cuerpo físico y tiene un color violeta grisáceo. Similar a una vaga neblina.

Este cuerpo está conectado a tus glándulas, órganos, y meridianos, se relaciona con la salud y el estado de tu cuerpo físico. Toda enfermedad o condición en el cuerpo físico se manifestará en esta capa primero. Esta es la capa que deberás observar para determinar qué condición se puede estar generando en tu cuerpo, y podrás tomar acción antes de que se materialice.

Capa emocional

La segunda capa, ubicada justo encima de la capa etérica, y a unas cuantas pulgadas del cuerpo físico. Su forma ovalada es como la de un capullo y se vincula al chakra sacro. Esta capa manifiesta tus pensamientos, emociones, sentimientos, y experiencias.

Debido a que se encuentra en constante movimiento, es una de las capas más activas y justo como nuestro estado emocional tan volátil esta capa también refleja esta volatilidad, y puede fácilmente sembrar emociones negativas como el miedo, la ira, la soledad, y el resentimiento. Esta capa comunica su energía con la capa etérica, la manda hacia abajo y está eventualmente la comunica al cuerpo físico. Lo que explica porque las emociones tienen repercusiones directas en nuestra salud.

Si en algún momento te sientes enfermo sin encontrar razón alguna, puede ser que esta capa está bombardeando tu cuerpo físico con emociones negativas. Este cuerpo también se presenta de diferentes colores, y al leerla puedes interpretar el estado de tus chakras.

· · ·

Capa mental

Esta es la tercera capa en el campo aural. Se encuentra extendida a ocho pulgadas del cuerpo físico, y está directamente conectada con el chakra plexo solar. Notarás que existe un patrón de conexión entre las auras y los chakras.

Este cuerpo representa los procesos cognitivos, pensamientos y estado mental. Usualmente es amarilla y se ilumina gracias a tus ideas, creencias, procesos lógicos, y tu intelecto. En esta capa tiene lugar la razón, lógica, pensamientos e ideas. Los problemas de salud mental se reflejan en esta capa antes de materializarse en el cuerpo físico.

Cuando realices una lectura de esta capa, presta atención a la cabeza, el cuello, y los hombros, estas son las partes donde irradias con mayor intensidad.

Capa astral

También conocida como el puente o el cuerpo astral.

· · ·

Toma el lugar número cuatro y se encuentra a 12 pulgadas del cuerpo físico. Se vincula con el chakra del corazón, así que contiene información sobre la sensación de amor, alegría y otras emociones de alta vibración. Se le denomina puente porque conecta el plano físico con el espiritual. Para visitar el mundo espiritual debes desprender tu cuerpo físico y reemplazarlo con tu cuerpo astral. Tiene un color rosado y se fortalece con relaciones amorosas e íntimas. También es posible deducir el estado de tus chakras a través de esta capa. Si aprendes a realizar viajes astrales, puedes explorar el universo con tu forma astral. En el plano astral la sanación es más rápida.

Plantilla etérica

Vinculada con el chakra de la garganta y ubicando el quinto lugar del campo aural, la plantilla etérica se encuentra a tres pies de tu cuerpo. Es responsable por los sonidos, la comunicación, la vibración, y la creatividad.

Se le denomina de esta manera porque es la réplica de tu cuerpo físico en el plano espiritual. Es el instructivo por el cual el cuerpo físico se manifiesta. Se puede ver en una tonalidad azul, como el negativo de una fotografía, pero puede presentarse de varios colores. Todo lo que creas en el plano físico es grabado en la plantilla etérica. Esto incluye tu personalidad, identidad, y energía.

La capa celestial

Ubicado en el sexto lugar, se encuentra vinculado directamente con el chakra del tercer ojo. Es la expresión de tu subconsciente, el punto de unión entre tu consciencia y tu mente espiritual. Al realizar actividades espirituales como la meditación, esta capa resguarda tu consciencia.

El cuerpo celestial contiene la información sobre los sueños, memorias, consciencia espiritual, la intuición, la confianza y el amor incondicional. Es importante mantenerla balanceada para acceder a los cuerpos celestiales, debido a que emite una vibración poderosa. Con una capa celestial fuerte, tienes el poder de comunicarte con espíritus y recibir mensajes psíquicos.

Plantilla cetérica

Y por último, tenemos a la capa más alejada del cuerpo, sin embargo, es la más cercana al plano espiritual; se vincula directamente con el chakra corona. En esta capa puedes encontrar información sobre tus vidas pasadas y volverte uno con el universo. Este cuerpo en particular vibra más alto que todas las capas anteriores y tiene el rol de proteger los otros cuerpos aurales. Es un contenedor de todo el conocimiento y posibilidades. Contiene un plano de tu camino espiritual, y tiene un registro detallado de todas las experiencias vividas a lo largo de sus vidas. Se conecta con lo divino, la fuente, el creador, dios, o cualquier otra fuente de conocimiento superior en la que creas.

Algunas personas especulan que existen otras capas aurales que aún no han sido descubiertas, así que por el momento son todas las capas confirmadas y exploradas.

Cómo ver auras

Si eres clarividente ver auras es muy simple, pero no quiere decir que todos los clarividentes cuentan con esta habilidad. Para leer tu propia aura o la de alguien más debes entender cómo se encuentra conformado. Sabiendo esto, ahora debes aprender a cómo verlas. Puedes empezar practicando contigo mismo antes de hacerlo con otros cuerpos energéticos. Puede que al inicio no puedas ver el aura pero si sentirla, incluso escucharla, o saborearla, todo dependerá de tu habilidad psíquica dominante. Después de todo, acceder a la información del campo energético es el objetivo, sin importar el método.

. . .

A continuación, te brindaré algunos ejercicios que te pueden ayudar a explorar otras técnicas.

Ejercicio uno: Siente el aura

En caso de que tu sentido predominante sea el tacto psíquico, es probable que no la veas, pero si seas capaz de sentirla. Es decir, si eres clarisintiente podrás sentir el aura. Este sentido te permite sentir y percibir cosas más allá del plano material. Confía en tus manos para sentir los campos de energía humana. Para poner este ejercicio en práctica, ubícate en un lugar silencioso donde puedas estar sin interrupciones.

1. Siéntate en tu pose de meditación cómoda. Cierra tus ojos y respira con ritmo. Conéctate con tu respiración y vuélvete consciente de cómo entra a tu cuerpo y se mueve alrededor de él antes de salir. Continúa haciendo esto por un par de minutos.
2. Con tus ojos cerrados, frota tus manos por 30 segundos. Hazlo con toda la intensidad posible.
3. Estira tus manos frente a ti. Nota que tus codos están ligeramente doblados, y tus palmas deben estar una frente a la otra.

4. Júntalas lentamente pero no les permitas tocarse.
5. Repite este paso lo más lento posible. Nota la sensación que aparece entre tus manos. Repite una y otra vez.
6. No abras los ojos ni dejes de respirar. Si te desconectas de tu respiración, realiza el primer paso para volver a estar en sintonía con ella.
7. Presta atención al espacio entre tus manos. Registra las sensaciones, pensamientos, e imágenes que aparezcan en tu mente a medida que lo repitas. Toma consciencia de estas sensaciones.

Haz este ejercicio con mucha calma, no te enfoques si lo estás haciendo mal.

Recuerda que con el paso del tiempo y la práctica podrás sentir las auras con mayor facilidad.

Ejercicio 2: ve el aura

Detrás de todo ejercicio la clave es la práctica. Así como en el ejercicio anterior, intenta primero con tu propia aura. Lo más seguro es que al principio veas únicamente las primeras capas del aura, pero conforme vayas practicando tu experiencia irá aumentando y serás capaz de ver las capas superiores. De nuevo, ubícate en un lugar tranquilo para realizar el ejercicio, de preferencia un lugar donde no entre mucha luz, incluso puedes esperar a la noche para realizarlo:

1. Siéntate de frente a una pared blanca con tus pies firmemente en el piso. Usa una silla para mantener tu espalda recta.
2. Conéctate con tu respiración y relájate.
3. Estira uno de tus brazos hacia la pared blanca. Con la palma hacia la pared, lentamente junta los dedos de tu mano. Reduce la intensidad de tu mirada y relájala. Mantén esta mirada mientras miras a tu mano. Podrás ver el delineado de tu aura alrededor de tu mano.
4. Separa tus dedos lentamente mientras mantienes esta mirada. Concéntrate en el espacio entre tus dedos y nota lo que hay ahí.
5. Con el tiempo, podrás empezar a ver el delineado de tu aura alrededor de tu mano y dedos. Puede que al principio sea incolora, pero con el tiempo mostrará colores a su alrededor.
6. Sumérgete en el momento y observa tus manos y dedos con paciencia.

Unas semanas después de practicar, podrás realizar ejercicio durante el día. Después de un tiempo, no necesitarás un lugar calmado para ver tu propia aura. Si no cuentas con una pared blanca, puedes usar una hoja de papel.

. . .

Ejercicio 3: Ver las auras de otras personas

Si has logrado ver tu propia aura sin un fondo blanco, está listo para realizar este ejercicio y puedes solicitar ayuda a un compañero:

1. Pídele a tu compañero que se pare frente a una pared blanca. Deben pararse unas pulgadas lejos de ella para no tocar la pared.
2. Párate a un par de metros de él o como te lo permite tu lugar de entrenamiento. Debes poder verlo de pies a cabeza. Asegúrate de que puedes ver la pared detrás de él.
3. Planta tus pies firmemente en el piso y realiza un ejercicio de respiración rápido.
4. Cierra tus ojos por un momento y luego ábrelos de nuevo. Con una mirada suave, observa todo el cuerpo de la persona. Trata de notar cualquier cosa que aparezca en la pared. No te sugestiones, debes de ser paciente.
5. Verás el aura surgir alrededor de su cabeza y su cuerpo superior. Inicialmente será incolora, pero con práctica constante deberás poder ver el color.

La lectura de auras es una práctica que necesita dedicación y paciencia. Notaras resultados con el tiempo y eventualmente no necesitarás tener una pared de referencia. Una vez que puedas ver las auras podrás interpretar la información que te ofrezcan.

Los colores de las auras y sus significados

Como hemos mencionado, las auras tienen tonalidades, colores, intensidad e incluso definición;

estas características revelan mucha información sobre tu estado físico, emocional, mental y espiritual.

Las auras muestran diferentes colores porque sus cuerpos vibran en diferentes frecuencias, tu cerebro las interpreta como colores cuando logras ver el campo de energía. Dependiendo de la distancia y las ondas electromagnéticas que presenten tus ojos pueden registrar diferentes colores del espectro de energía. A continuación, profundizaremos en los significados de los colores.

Rojo

Característico del chakra raíz. Al aparecer el color rojo existe una relación directa con las funciones de esta chakra. Puede aparecer en distintas tonalidades, oscuras o claras. Cada tonalidad tiene un significado distinto.

Este color tiende a aparecer en las personas valientes y atrevidas. Este tipo de personas entienden la realidad física y les permite abrazar los deseos del mundo material.

Si tienes rojo en tu aura significa que eres una persona apasionada, venturosa, dinámica, y sin arrepentimientos.

No le temes a la mortalidad, sensualidad, o tentación, y disfruta de actividades que te induzcan adrenalina. Si tienes un tono rojo oscuro denotan emociones negativas y traumas pasados. Representa cansancio, poca energía, y exceso de trabajo.

Naranja

Este color se presenta en personas que valoran las relaciones e interacciones con otras personas. El naranja es alegre y emite vibras positivas, se relaciona con energía positiva con el dinero, tiempo, energía, amor, recursos, y trabajo. Si tu aura tiene naranja, significa que adoras el trabajo en equipo por tu naturaleza extrovertida y personalidad sociable, eres perceptivo y dinámico. Se te facilita establecer amistades rápidamente. También representa el amor por la aventura. Por lo que te interesa todo lo que el mundo tiene que ofrecerte, así que tiendes a buscar aventuras. Debes ser precavido o podrías obsesionarte con las relaciones, o tener dificultad para comprometerte a una sola.

Amarillo

El amarillo resuena con las vibraciones fuertes que se derivan de la felicidad. La presencia de este color indica un fuerte sentido de individualidad, confianza, y habilidad para inspirar a otras personas a tu alrededor. Las personas con auras amarillas tienen altos niveles de energía y pocas veces se cansan de motivar o guiar. Son líderes naturales, pueden tomar el cargo y liderar a su grupo. Están llenos de alegría, generosidad, y atraen a otras personas. Sin embargo, el amarillo oscuro representa una batalla interior, duda, perfeccionismo, o exceso de confianza guiada por el ego.

Verde

La presencia del verde indica que irradias amor incondicional. Cuando estás en presencia de otras personas pueden sentir tu energía vital porque tienes una atracción natural. Seguramente te sientes atraído por los animales y la naturaleza. Si te enfermas, optas por la medicina natural. Cuando alguien entra en tu presencia se relajan y sienten en paz, ahí reside el poder del color verde. Es el color del balance. Los individuos con este color en su aura son muy balanceados.

Sin embargo, el color verde oscuro puede ser una señal de sentimientos de envidia y celos estancados en tu campo de energía.

Azul

El azul es característico de las personas con grandes habilidades de comunicación. Son personas honestas y directas que no tienen limitaciones. Entre más clara sea la intensidad de este azul, más positiva será tu energía.

Índigo

Este color se presenta en personas intuitivas y sensibles. Representa percepción y la presencia de habilidades intuitivas poderosas que te permiten saber cuándo las cosas van a suceder. Estas personas son empáticas por naturaleza, buscan y perciben el mundo como algo más grande que ellos. Viven la vida con el flujo natural de las cosas. Si el tono del índigo es oscuro significa desconexión con el ser intuitivo dentro de ti, y una pelea con la duda e incertidumbre.

Violeta

Así como con el morado. Un campo violeta significa que tienes una visión idealista para el futuro. Eres capaz de ver más allá de los detalles, eres una persona original e innovador, progresivo, y de mente abierta.

Otros colores de aura pueden ser:

- Rosa
- Magenta
- Blanco
- Turquesa

Los colores anteriores son los más comunes, recuerda que las auras también pueden presentar diferentes tonalidades incluso como color principal.

9

Ejercicios y hábitos para fortalecer tu intuición y habilidades psíquicas

Conforme continúas con tu desarrollo psíquico debes de mantener la mente abierta y permanecer con las expectativas neutrales. Si tus expectativas son demasiado altas pueden llegar a desanimarse cuando no logres los resultados que esperas. Lo mejor no es anticiparse ni sugestionarse, es un proceso que requiere mucha paciencia, tus habilidades irán manifestándose hacia ti con el tiempo, si te concentras demasiado puedes perderte en las verdaderas señales que te envía tu ser interior.

Si sientes prisa por que las cosas sucedan, probablemente no seas un gran psíquico. No te conviertas en tu mayor obstáculo en el camino, toma distancia y date tiempo para que tus sentidos tomen la tienda de tus experiencias y percepciones.

Todos los días puedes dedicarle un tiempo a fortalecer

tu intuición y seguir avanzando en tus habilidades. Recomiendo altamente introducir la meditación a tu vida cotidiana. Recuerda que siempre debes ubicarte en un lugar tranquilo, y en este contexto me estoy refiriendo a tu plantilla cetérica, donde la consciencia se resguarda mientras estás en una sesión de meditación. Es un espacio donde puedes convertirte uno con tu mente y tus sentidos psíquicos. Es posible que no lo logres en el primer intento, pero conforme vayas practicando seguro llegarás.

Te recomiendo los siguientes ejercicios en cualquier día y horario, recuerda que puedes recurrir a técnicas como llevar un diario de tus experiencias y resultados para poder monitorear tu progreso:

- **Ejercicio 1: adivina la canción siguiente:** Es un ejercicio sencillo y divertido para practicar tu habilidad psíquica cuando estés manejando o relajándose en tu habitación. Puedes hacer este ejercicio con tu radio o una aplicación de música. Cuando estés escuchando una canción, permítele a tu mente divagar mientras la estás escuchando, después intenta regresar a tu estado natural cuando estés a la mitad de la canción e intenta adivinar qué canción vendrá después. Probablemente escuches el principio de la canción en tu mente antes de que empiece.

- **Ejercicio 2: Jeopardy:** Este es un juego conocido de la televisión americana. Es un ejercicio rápido y divertido, lo que significa que no deberás pensar tus respuestas de más. Cuando te hagan una pregunta, di lo primero que se te venga a la mente. Muchas respuestas serán interesantes. En ocasiones las sabrás gracias a experiencias pasadas. Pero otras parecen surgir de la nada. En este momento sabrás que tu poder psíquico entró en acción. Lo importante es que te des cuenta de que recibiste la respuesta de una fuente psíquica.
- **Ejercicio 3: Telemetría:** Para este ejercicio necesita la ayuda de un amigo, puedes pedirle prestado alguna reliquia familiar u otra cosa que no le pertenezca para que puedas practicar telemetría. Asegúrate de que tu amigo sepa a quién pertenece el objeto. Utiliza este objeto para meditar y escribe los sentimientos que tuviste durante la sesión. Después coméntale a tu amigo lo que encontraste y corrobora la información con tu amigo.

Estos ejercicios son muy sencillos de integrar a una rutina diaria, así que no tienes excusa para no practicar. Si eres disciplinado será sencillo volverlos un hábito. Ten en cuenta cada uno de los consejos que te he dado en este libro como tus sesiones de meditación, cambios en la dieta, y las afirmaciones. Por separado podrían no parecer gran cosa, pero al irlos incorporando a tu vida rápidamente podrás notar un cambio significativo.

Conclusión

La clarividencia es una habilidad con la que se nace, sin embargo, el talento no es suficiente por sí solo para crecer psíquicamente. Entrenar estas habilidades es un proceso largo y lento, pero la disciplina y práctica te ayudarán a llegar a tu despertar psíquico. Para lograr el despertar psíquico es importante que cuentes con una buena salud mental, física y espiritual. Si no te sientes preparado para afrontar las consecuencias que puede traer abrir tu tercer ojo, es probable que aún no estés listo. Todas las habilidades mencionadas en esta guía son poderosas, y si se toman a la ligera, o son usadas de manera irresponsable pueden traer graves consecuencias a tu vida y en la vida de las personas que te rodean.

Conforme vayas progresando en tu despertar psíquico, no tengas miedo o vergüenza de buscar a individuos similares a ti, sobre todo si su experiencia puede serte de guía o ayuda para avanzar en tu propio camino.

Ciertamente esta guía te puede haber orientado mucho, pero nada sustituye a la información y consejos empíricos que te puede proporcionar alguien experimentado, todos necesitamos un maestro de vez en cuando. Mira a tu alrededor, te sorprenderá cuántas personas pueden estar en contacto con su lado psíquico, y pronto tú también serás parte de ellas. Entrégate a lo extrasensorial, olvídate del orgullo y ¡prepárate para despertar!

www.ingramcontent.com/pod-product-compliance
Lightning Source LLC
Chambersburg PA
CBHW072019070526
44583CB00015B/1546